《보노보노》는 4컷 만화지만 발표 당시부터 철학적이라는 평가를 받으며, 많은 팬을 사로잡았습니다. "때릴 거야?", "발딱", "그건 비밀입니다", "즐거운 일이 끝나는 건, 슬픈 일도 끝나기 때문이지" "생물이 힘들지 않게 사는 방법 같은 건 절대 없어", "자아~. 팍팍 해치워버려" 등의 명대사도 탄생했습니다.

이 책 《보노보노 명언집 상권 -오늘은 바람과 사이좋게 지내보자》에는 탤런트 히가시노 코지 씨가 '웃음'을 주제로 이가라시 미키오 작가를 인터뷰했습니다.

《보노보노 명언집 하권 -이유 없이 문득 외로워질 때가 있다》에는 철학자 우치야마 타카시 씨가 작품 해설을 썼습니다. 두 책에는 살아가는 데 즐거움을 줄, 주옥 같은 명언이 가득합니다. 독자님의 마음에 잘 전해지기 바랍니다.

보노보노 명언집

|상| 오늘은 바람과 사이좋게 지내보자

이가라시 미키오

거북이북스

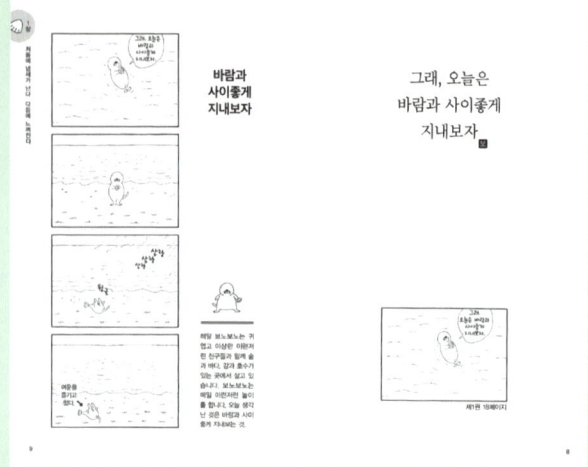

•

《보노보노 명언집》 상, 하권의 명언은 이가라시 미키오가 그린 만화 작품 《보노보노》 1권에서 36권, 보노보노 그림책 《가엾은 것》, 《큰 것, 작은 것》, 《안경 야마네 군》, 《크리스마스》, 《츠와이오》, 보노보노 시화집 《모두 추억이겠지》, 작가가 시나리오와 그림 콘티 그리고 감독을 맡은 극장판 《보노보노》, 시나리오와 그림 콘티를 맡은 보노보노 극장판2 《쿠모모나무의 비밀》 중에서 골랐습니다.

•

오른쪽 페이지에는 명언과 대사가 있는 장면의 권수와 페이지를, 왼쪽 페이지엔 명언을 보충하는 4컷 만화를 골랐습니다(오른쪽 그림과 다른 내용의 경우엔 따로 페이지를 표기). 연결이 쉽도록 4컷으로 재구성한 것도 있습니다. 또 그 명언의 주변 이야기, 해설도 실었습니다. 각 장의 첫 페이지에는 명언 한 마디를 수록했습니다.

•

주요 등장인물 설정은 5페이지에 있습니다. 명언의 왼쪽 아래에 있는 글자 **보**는 보노보노, **포**는 포로리, **너**는 너부리, **야**는 야옹이 형, **큰**은 큰곰 대장, **프**는 프레리독을 가리킵니다.

•

이 책 《보노보노 명언집》의 번역은 박소현 번역가가 맡았습니다. 만화 《보노보노》 시리즈와 번역 표현이 다를 수 있습니다.

보노보노 명언집
오늘은 바람과 사이좋게 지내보자

| 상 |

글 그림 **이가라시 미키오**

목차

1장 처음에 냄새가 난다. 다음에 느껴진다   7

2장 이런 날씨엔 고민이 없어   53

3장 아아, 여름이구나   103

4장 원하는 게 있는 건 좋다   153

5장 너는 뭔가 재미가 없니?   203

특별 인터뷰
이가라시 미키오, 웃음의 세계   248
인터뷰어 **히가시노 코지**

주요 등장인물

주인공 보노보노는 해달입니다.
숲 근처 바다에서 아빠와 함께 살고 있죠.
툭하면 얻어맞는 포로리와, 심술쟁이 너부리가 친구입니다.
보노보노는 뭔가 모르는 게 있으면
야옹이 형한테 물어보러 갑니다.

보노보노
이 만화의 주인공.
이상하고 신기한 일에
흥미를 보이며
생각하는 해달.

포로리
보노보노의 친구.
툭하면 너부리한테
얻어맞는다.
"그치?"라는
말버릇이 있다.

너부리
숲에서 제일가는 심술쟁이.
하지만 사실은 제일 배려심이
있는 걸지도 모른다.
너부리는 아빠가 싫다.

야옹이 형
보노보노의 질문에
넌지시 대답을 던져준다.
숲에 왔을 때 처음 만난 게
보노보노였다.

큰곰 대장
숲을 지키고 있다.
때때로 야옹이 형과
의견이 맞지 않는다.
가슴에 달 모양이 있지만
큰곰이다.

울버와 린 부자
책략만 생각하는
아빠 울버와
응가만 하는 린.

프레리독
지금도 행복하고
과거에도 행복했고,
미래에도 행복한 동물.

홰내기 가족
홰내기 아빠는 홰내찡,
엄마는 홰내링.
모두 사이가 좋다.

◀ 보노보노 시화집 《모두 추억이겠지》 13페이지

제1장

처음에 냄새가 난다
다음에 느껴진다

그래, 오늘은 바람과 사이좋게 지내보자 보

제1권 18페이지

1장 처음에 냄새가 난다 다음에 느껴진다

바람과 사이좋게 지내보자

해달 보노보노는 귀엽고 이상한 이런저런 친구들과 함께 숲과 바다, 강과 호수가 있는 곳에서 살고 있습니다. 보노보노는 매일 이런저런 놀이를 합니다. 오늘 생각난 것은 바람과 사이좋게 지내보는 것.

죽을 때는
죽는 거지 야

제1권 25페이지

1장

처음에 냄새가 난다 다음에 느껴진다

뭐, 너를 데려가면 머리부터 잡아먹을지도 모르지만.

야옹이 형의 농담

나와, 괜찮아.

농담이야, 농담… 농담이 안 통하는 녀석일세?

머리 정도는 남겨줄 테니까.

괜찮아, 괜찮아.

농담이라니까… 농담.

"좋아. 오늘은 발바닥을 보러 가자" 보노보노가 처음 보러 간 건 야옹이 형의 발바닥. 야옹이 형을 만났는데, 이번엔 큰곰한테 같이 가자고 합니다. 큰곰 발바닥이 매우 크다며. 하지만 "가면 잡아먹힐지도 몰라~"라고 야옹이 형이 또 농담합니다.

삐로삐로~ 보

제1권 27페이지

1장

처음에 냄새가 난다 다음에 느껴진다

내 장난

좀처럼 장난을 치지 않는 보노보노의 혼신 어린 장난입니다.

어느 돌이
나를 좋아하는지
모르겠어 보

제1권 65페이지

1장 처음에 냄새가 난다 다음에 느껴진다

잘 생각해 보자

보노보노는 해달이기 때문에 먹을 때 돌로 조개를 깨서 먹습니다. 하지만 어느 날, 늘 사용하던 돌이 부서져 버렸습니다! 새로운 돌을 찾으러 나간 보노보노는 수많은 돌 중에서 좀처럼 새로운 돌을 고를 수가 없었습니다. 그 이유는…?

배가 고프기
시작했으니까
일단 집에 갔다가
내일 또 오자
너

제1권 72페이지

처음에 냄새가 난다 다음에 느껴진다

너부리의 놀이

내가 좋아하고 나를 좋아하는, 서로 좋아할 돌이 어떤 건지 몰라 새로운 돌을 고르지 못하는 보노보노. 계속 고민하는 보노보노를 보다 못한 너부리가 불쑥 제안합니다.

작은 건 대단한데, 작은 건 대단하다니까

포로리는 얻어맞는다.
포로리는 얻어맞는다.
포로리는 왜 얻어맞는 걸까?
작으니까 얻어맞는 걸까?
작으면 왜 얻어맞는 걸까?
작은 건 대단한데,
작은 건 대단하다니까.

때릴 거야?

제1권 78페이지

1장 처음에 냄새가 난다 다음에 느껴진다

포로리의 대단한 점

보노보노 친구 포로리는 툭하면 얻어맞고 다닙니다. 작으니까? 사냥을 안 하니까? 작긴 하지만 포로리는 대단한데 말입니다. 보노보노는 포로리가 얻어맞고 다니는 이유를 생각합니다.

프레리독을
보고 있으면 행복해.
행복은 플러스다 보

> 프레리독을 보고 있으면 행복하다.
> 프레리독을 보고 있으면 행복하다.
> 포로리도 행복하다고 한다.
> 행복은 플러스다.
> 때리는 건 마이너스다.
> 플러스에 마이너스면 마이너스지만,
> 마이너스에 플러스면 플러스다.
> 마이너스에 플러스면 플러스라니까.
>
> 응~.

제1권 97페이지

1장

처음에 냄새가 난다 다음에 느껴진다

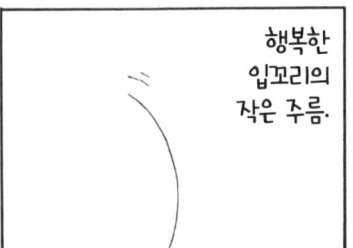

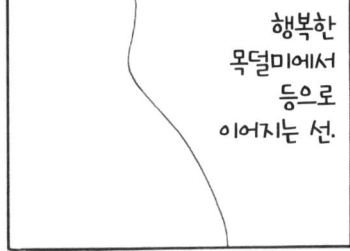

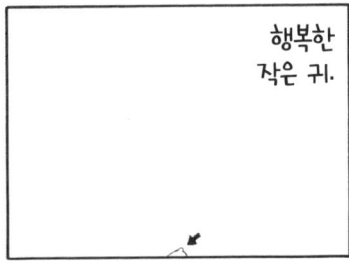

제1권 104페이지

행복한 프레리독

포로리는 얻어맞으면 친구인 프레리독한테 갑니다. 왜냐하면 프레리를 보고 있으면 행복해지기 때문입니다. 인사로 입맞춤도 한답니다.

나중에 곤란해지면
나중에 곤란해하면
되잖아 너

제1권 124페이지

1장

처음에 냄새가 난다 다음에 느껴진다

나중에 곤란해하면 되잖아

보노보노는 언제나 자신이 먹을 조개를 겨드랑이 아래 주머니에 넣고 다닙니다. 해달은 생각보다 체지방이 아주 적어서 금방 먹지 않으면 죽기 때문이에요. 하지만 오늘은 갖고 있던 조개를 전부 먹어버렸습니다. "나중에 곤란해지겠네"라고 말하는 보노보노한테 너부리는….

내가 지나온 길이구나

도리도리 아빠

제2권 31페이지

처음에 냄새가 난다 다음에 느껴진다

너부리와 도리도리 엄마의 대결

보노보노와 너부리는 조개가 없는 채로 숲을 걸어서 호수에 도착했습니다. 거기엔 비버 가족이 살고 있었습니다. 비버 아빠와 엄마 그리고 아들 도리도리. 도리도리 엄마를 처음 만나자마자 느닷없이 '나쁜 아이'라고 인정받은 너부리. 도리도리 엄마 필살기인 다리후리기도 당합니다.

그 애는 뭘 먹니?
도리도리 엄마

제2권 37페이지

1장 처음에 냄새가 난다 다음에 느껴진다

물고기야!

먹을 게 없어서 드디어 곤란해진 보노보노. 보노보노가 움직일 수 없게 되자 당황한 너부리와 포로리. 하지만 그런 보노보노를 보고 도리도리 엄마는 냉정하고 침착하게. 박력 만점으로 물었습니다!

제2권 41페이지

생물은
반드시 곤란해져
야

제2권 65페이지

1장 처음에 냄새가 난다 다음에 느껴진다

반드시

호수에서 돌아오는 길. "또 배가 고파 곤란해질지도 몰라…"라고 생각하던 보노보노. 너부리는 "곤란해지고 싶지 않아, 곤란해지고 싶지 않아'라고 생각하니까 곤란해지는 거야!"라고 합니다. 하지만 배가 고파서 또다시 못 움직이게 된 보노보노. 그때 야옹이 형이 조개를 들고 와 이렇게 말했습니다.

아는데
왜 못 하는 걸까?

보

> 아는데 왜 못 하는 걸까?
> 아는데 왜 못 하는 걸까?
> 내 말을 듣지 않는
> 손이나 발이나 등이 있는 걸까?
> 내 말을 들어주고 싶지만
> 들어줄 수 없는 허리나 머리나
> 겨드랑이가 있는 걸까?
> 있는 거냐니까.

여긴 들어준다.

여긴 들어준다.

여긴 안 들어준다.

여긴 들어주고 싶지만 들어줄 수가 없다.

여긴 들어준다.

여긴 안 들어준다.

잘 모르겠다.

제2권 75페이지

1장

처음에 냄새가 난다 다음에 느껴진다

멈춰 있는 돌을 잡아 보자

보노보노는 손재주가 없습니다. 해달인데 물고기도 잘 못 잡습니다. 머리로는 알고 있지만 몸을 잘 움직일 수가 없어요. 도대체 왜 그런 걸까요? 곤란해하던 보노보노가 야옹이 형한테 상담했습니다.

거짓말도 아니고 진짜도 아니야

제2권 77페이지

1장 처음에 냄새가 난다 다음에 느껴진다

거짓말과
진짜

물고기를 잡기 위해 야옹이 형과 돌 잡는 연습을 하는 보노보노. 하지만 당황해서 돌을 잡을 수가 없습니다. 그런 보노보노한테 야옹이 형이 당황하지 않는 주문을 걸어주겠다고 합니다. 주문을 걸면 정말 당황하지 않게 될까? 의심하는 보노보노한테 야옹이 형이 이렇게 말합니다.

하지만 지금은 행복해 프

제2권 93페이지

1장

처음에 냄새가 난다 다음에 느껴진다

흉내만 내면 안 돼, 아기 큰곰아

아기 큰곰과 포로리와 보노보노는 프레리독에게 놀러 갔습니다. 아기 큰곰은 아직 어려서 주위 사람들의 흉내만 냅니다. 너무 아무거나 다 흉내를 내니 화가 나는 보노보노. 아기 큰곰이 프레리독 흉내도 내기 시작하자 포로리가 울어버립니다. 하지만 정작 프레리독은 아무렇지 않아 보였습니다.

제2권 98페이지

수컷은 왜 그렇게 자기 힘을 과시하고 싶어 할까?

큰곰 엄마

제2권 100페이지

1장

처음에 냄새가 난다 다음에 느껴진다

그 무렵 야옹이 형은

아기 큰곰의 아버지이자, 큰곰 엄마의 남편인 큰곰 대장이 겨울잠에서 깨어나 산에서 내려옵니다. 큰곰 대장은 야옹이 형과 숙명의 라이벌. 그래서 둘이 만나면 왠지 모르지만 싸움을 시작할 거 같죠? 긴장감이 고조되는 가운데 큰곰 엄마가 이렇게 속삭입니다.

변했을지는 몰라도
엉망이 된 건 아니야
큰곰 엄마

제2권 108페이지

1장 처음에 냄새가 난다 다음에 느껴진다

믿지 못하는 아기 큰곰의 아빠

옛날, 야옹이 형과의 싸움에서 진 큰곰 대장은 "네가 온 다음부터 모든 게 엉망이 돼버렸어"라고 말합니다. 대장의 아내인 큰곰 엄마는 "그럴 리가 없잖아"라고 말하는데….

건강하게 지냈니?
도로리 누나

제3권 7페이지

1장

처음에 냄새가 난다 다음에 느껴진다

도로리 누나와 아로리 누나

포로리한테는 가족이 있습니다. 아빠, 엄마와 너무나 엄한 도로리 누나와 포로리를 괴롭히는 아로리 누나입니다. 오늘은 누나들이 오랜만에 포로리한테 놀러 왔어요.

그게 뭐 어쨌다고, 바보 자식아~
아로리 누나

제3권 28페이지

1장 처음에 냄새가 난다 다음에 느껴진다

아로리 누나의 속임수

누나들은 포로리가 자립해서 잘살고 있는지 확인하러 왔습니다. 하지만 아직 호두를 손에서 놓지 못하는 포로리를 보고 누나들은 그걸 빼앗으려 합니다. 비명을 지르며 도망 다니는 동생. "포로리는 누나들이 싫어. 싫단 말이야~" 그러나 올바른 일을 하려는 누나한테 동생의 마음 따위는 배려의 대상이 아니었습니다!

제3권 29페이지

즉, 자신의 감정이
시키는 대로 행동하면
상대를 당황하게 하고,
때로는 상처를 줄 수도
있다는 얘기야

도로리 누나

제3권 36페이지

1장

처음에 냄새가 난다 다음에 느껴진다

도로리 누나의 설명

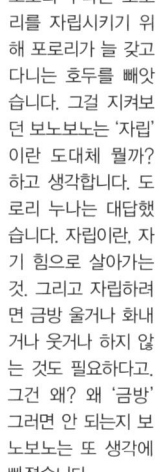

도로리 누나는 포로리를 자립시키기 위해 포로리가 늘 갖고 다니는 호두를 빼앗습니다. 그걸 지켜보던 보노보노는 '자립'이란 도대체 뭘까? 하고 생각합니다. 도로리 누나는 대답했습니다. 자립이란, 자기 힘으로 살아가는 것. 그리고 자립하려면 금방 울거나 화내거나 웃거나 하지 않는 것도 필요하다고. 그건 왜? 왜 '금방' 그러면 안 되는지 보노보노는 또 생각에 빠졌습니다.

있지, 집에 있으면서 이런저런
잔소리를 듣는 것보다는
혼자 사는 게 낫다고 생각해

`포로리 아빠`

제3권 40페이지

1장

처음에 냄새가 난다 다음에 느껴진다

포로리가 혼자 사는 이유

제3권 37페이지

포로리가 누나들의 말도 안 되는 논리에 휘둘리고 있을 때, 집에서는 아빠와 엄마가 포로리 얘기를 합니다. 엄마가 물어봅니다. "당신은 정말 포로리를 자립시키려고 내보낸 거예요?" 아빠가 대답합니다.

자는 척하면서
본 아빠는 굉장히
쓸쓸해 보였다 보

제3권 65페이지

1장

처음에 냄새가 난다 다음에 느껴진다

자는 척하면서 본 아빠는

자는 척하면서 깨어 있을 수 있는, 자립한 야옹이 형. 그 흉내를 내며 보노보노도 자는 척하면서 깨서 아빠를 보았습니다.

산이여~.
머얼리이 보이는 산이여~.

가보며언 언제나아
시시하안 산이여어~ 너

제3권 90페이지

1장 처음에 냄새가 난다 다음에 느껴진다

너부리의 노래

너부리가 직접 만든 재밌는 노래입니다.

때릴 거야?

제1권 23페이지

보노보노에 나오는 '때릴 거야?'는 '괴롭힐 거야?'라는 뜻이다.

제2장

이런 날씨엔 고민이 없어

이런 날씨엔 고민이 없어.
이런 날씨엔 고민이 없어.
야옹이 형이 그렇게 말했다.

이런 날씨엔 고민이 없구나.
이런 날씨엔 고민이 없구나.
나도 그렇게 말했다.

본다는 건 굉장해 보

제3권 124페이지

2장
이런 날씨엔 고민이 없어

본다는 건 굉장해

포로리와 보노보노는 오늘 새로운 친구와 함께 놀았습니다. 너부리가 소개해준, 사막에 사는 사막여우 홰내기입니다. 홰내기는 노래도 잘하고 춤도 무척 잘 춰요. 하지만 보노보노는 그런 걸 잘 못 해서…. 같이 놀 때 난 뭘 하면 좋을까? 그냥 '보기만' 해? 그럼 재미없잖아?

되어도 되어도
될 수 없기
때문이야

홰내기 아빠

제4권 17페이지

2장
이런 날씨엔 고민이 없어

제4권 18페이지

모두의 반응

화내기는 '가수'가 되고 싶어요. 그런 화내기의 아빠인 화내찡도 옛날에 '댄서'가 되고 싶었습니다. 하지만 어느 땐가 '되기'를 그만뒀대요. 왜 그랬을까요?

파란 하늘도 싫고, 흘러가는 구름은 더 싫어
너부리 아빠

제4권 31페이지

2장 이런 날씨엔 고민이 없어

제4권 34페이지

너부리의 아빠

심술쟁이 너부리한테도 아빠가 있습니다. 너부리 아빠는 툭하면 화를 내요. 이 세상 거의 모든 걸 싫어합니다. 그런 아빠가 제일 싫어하는 건…?

나와 만나지 않을 때는
모두 가죽을 벗고
쉬는 거야
보

제4권 39페이지

2장 이런 날씨엔 고민이 없어

그렇다면

제4권 40페이지

보노보노 아빠는 느긋하고, 태연하고, 다정합니다. 보노보노가 놀고 싶을 땐 언제든지 함께 놀아줘요. 하지만 그런 아빠가 때때로 혼자 사라지곤 합니다. '아빠는 도대체 어딜 가는 걸까?' 보노보노는 몰래 아빠를 따라가 보기로 했습니다. 하지만 따라가면서 점점 무서운 생각이 부풀어 오릅니다.

증오로 살아가는
자에게 죽음 따윈
무서운 일이 아니야

범고래 장로

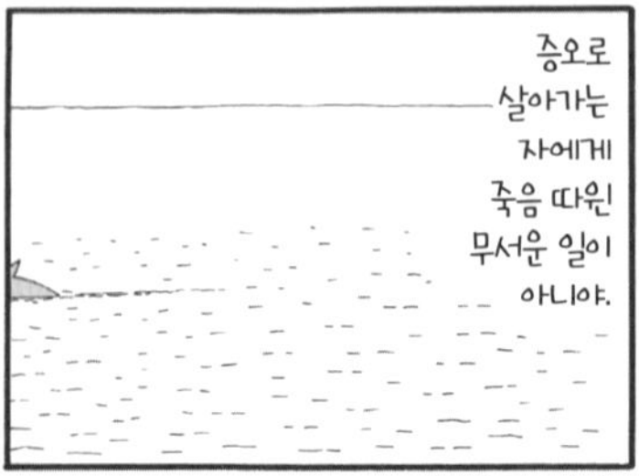

> 증오로
> 살아가는
> 자에게
> 죽음 따윈
> 무서운 일이
> 아니야.

제4권 110페이지

2장 이런 날씨엔 고민이 없어

살아갈 기력을 잃으면 +그 무렵의 아빠

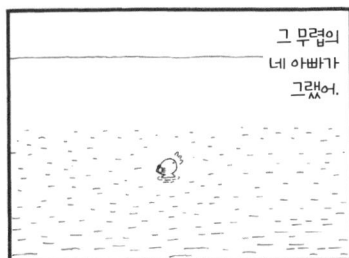

아빠는 해달의 천적인 범고래들의 섬에 혼자 다닙니다. 그곳에서 아빠는 '사신 해달'이라고 불리는 두려움의 대상이었습니다. 보노보노는 범고래 장로님과 아빠 친구인 범고래 스카페이스한테 아빠의 과거 얘기를 듣습니다.

제4권 111페이지

생물이 고민하지 않으면
안 되는 일 따윈
이 세상엔 없을 것 같다는
생각이 드는구나

범고래 장로

제4권 122페이지

2장 이런 날씨엔 고민이 없어

그럼 난 어떻게 하면 좋을까?

자신이 모르는 아빠가 있다. 장로님한테 아빠의 과거를 들은 보노보노는 '아빠가 정말 우리 아빠일까?'라고 생각하게 됩니다. 그런 보노보노한테 장로님이 말했습니다. '고민할 것 없이, 눈에 보이는 것과 지금 알고 있는 것만 이해하면 된단다'라고.

이 녀석, 거기서 응가 하지 마야

제5권 6페이지

2장 이런 날씨엔 고민이 없어

자는 야옹이 형

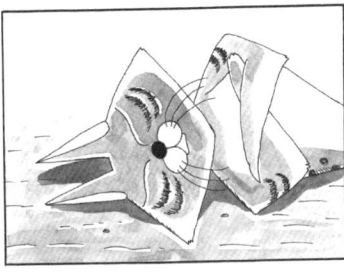

정말 곤란한 녀석일세.

이 녀석이 또…

생글 생글

제5권 4페이지

린은 잡식성 대식가입니다. 그래서 응가도 자주 하죠. 여기저기에서 기분 좋게. 분명히 시원하고 기분 좋을 거예요. 그런 린이 야옹이 형을 찾아 왔습니다. 무언가 알려주고 싶은 게 있는 모양인데….

무언가가 일어나면
무언가가 움직인다

린 아빠

제5권 11페이지

2장 이런 날씨엔 고민이 없어

에엣

오늘 포로리와 보노보노는 여기저기에 손을 넣는 놀이를 하고 있어요. 손을 넣으면 두근 두근 두근. 무슨 일이 일어날까? 무슨 일이 일어나긴 할까?

자신으로 있어라.
자신만으로 있어.

그로 인해 고독에
시달리게 될지라도
큰 도롱뇽

제5권 28페이지

2장 이런 날씨엔 고민이 없어

큰곰이 있는 곳

큰곰 대장이 동네 큰곰의 습격을 받아 크게 다친 모양입니다. 그 정보를 듣고 도와주러 가려는 야옹이 형. 늪에 사는 큰 도롱뇽 아저씨한테 큰곰 대장이 있는 곳을 물어봅니다. 그러나 큰 도롱뇽 아저씨는 아옹이 형을 말리죠. 어리석은 짓은 하지 말라며. 그런 일을 하면, 자기 자신 이외의 것을 받아들이는 '척'을 하게 된다는 겁니다.

생물이 목숨을 걸면 어떻게 되는지 알아?

반드시 어딘가에서 서로를 죽이기 시작해

큰

제5권 52페이지

2장

이런 날씨엔 고민이 없어

목숨을 거는 일

"큰곰 대장은 지금 다섯 번째 산에 있다. 하지만 그곳은 다른 큰곰의 영역이야" 큰 도롱뇽 아저씨가 말리는 걸 들었는지 못 들었는지, 큰곰 대장한테 간 야옹이 형. 도착해 보니 큰곰 대장은 상처투성이가 되어 쓰러져 있습니다. 그때 나타난 동네의 큰곰 두목과 그 부하들. 큰곰 대장을 감싸고, 두목 일행과 싸우려던 야옹이 형한테 대장이 충고합니다!

좋아하는 것과 싫어하는 건 친해질 수 없는 걸까? 보

좋아하는 것과 싫어하는 게 있다.
좋아하는 것과 싫어하는 게 있다.
좋아하는 건 좋아하는 것이고,
싫어하는 건 싫어하는 것이지만
좋아하는 것과 싫어하는 건
친해질 수 없는 걸까?
좋아하는 것과 싫어하는 건
친해질 수 없는 거니까.

제5권 59페이지

2장 이런 날씨엔 고민이 없어

드디어 시작된 싸움

제5권 62페이지

드디어 야옹이 형과 큰곰들의 결투가 시작됐습니다. 이 싸움은 한쪽이 쓰러질 때까지 계속되는 걸까요?

우린 계속 무리하고 있다.
어떻게 되고 싶은 걸까?
어떻게 되고 싶지 않은 걸까?

제5권 91페이지

2장 이런 날씨엔 고민이 없어

앗, 야옹이 형이다

제5권 93페이지

결투가 끝나 상처투성이가 되어 돌아온 야옹이 형. 그 모습을 보고 큰 도롱뇽 아저씨는 탄식합니다. "누군가를 구하는 건 어리석은 짓이다. 그저 살고 죽는 생물의 목적에 쓸데없는 일을 더하지 마라. 좀 더 편하게 살아라"라고. 하지만 야옹이 형은 "나는 편하게 살고 있어"라고 말합니다. "쓸데없는 일 때문에 불행해진다면, 그 불행도 쓸데없는 일이라는 걸 알고 있으니까. 그리고 행복 또한 마찬가지로 쓸데없는 일이라는 걸 알고 있으니까"라고.

누군가의 험담을
그대로 믿는 건,
그 험담을 한 자와
똑같이 나쁜 거야

`도로리 누나`

제6권 31페이지

2장 이런 날씨엔 고민이 없어

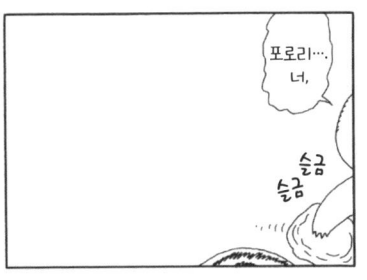

도로리 누나의 반격 + 에엣~ 살아 있는 채로 뜯어냈어?

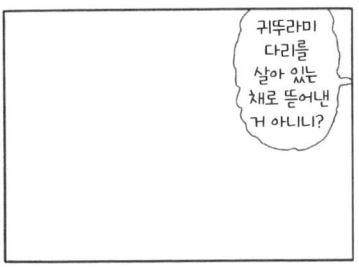

제6권 32페이지

아빠한테 맞고 살기 싫은 너부리. 혼자 살려고 새로운 집을 찾기로 했습니다. 그런 너부리한테 자기 누나들과 만나라고 권하는 포로리. 자립이나 나무에 대해 잘 아니까 들어보라고 합니다. 하지만 너부리와 누나들은 만나자마자 크게 싸웁니다. 누나들의 험담을 하는 너부리. 그걸 진실로 받아들이는 보노보노한테 도로리는….

좋아하는 건 달라도, 좋아하는 건 있어.
싫어하는 건 달라도, 싫어하는 건 있어.
모두 다르지만 모두 똑같아.
분명히 전혀 달라지진 않을 거야.
분명히 전혀 달라지진 않을 거라니까 너

제6권 51페이지

2장 이런 날씨엔 고민이 없어

정체를 알 수 없는 것

제6권 53페이지

아로리 누나한테 남쪽 숲에 가면 좋은 나무가 잔뜩 있고, 서쪽 숲은 개미가 많으니까 실수로라도 가지 말라는 말을 들은 너부리. 숨은 의도를 알아차리고 서쪽 숲으로 갔습니다. 괜찮아 보이는 나무도 있지만, 거기엔 정체를 알 수 없는 것들이 잔뜩 떨어져 있었는데….

이 세상은 '되다'도 '안 되다'도 없어. '되었다' 뿐이야

너부리 아빠

제6권 57페이지

2장 이런 날씨엔 고민이 없어

너부리와 아빠

드디어 혼자 살기에 알맞은 나무를 찾은 너부리. 나무에서 기분 좋게 경치를 바라보는데, 아빠가 너부리를 찾아왔습니다! 그리고 어째서인지 너부리는 결국 아빠한테 얻어맞습니다.

모르는 건 없어지지 않아.
모르는 건 없어지지 않아 보

제6권 67페이지

2장 이런 날씨엔 고민이 없어

제6권 71페이지

그 무렵의 도리도리

새끼 비버인 울보 도리도리. 혼자 호수에서 놀다가 문득 '이 강을 따라 흘러가 보고 싶다'고 생각합니다. 하지만 '모르는 곳에 가는 건 무서워. 하지만 가보고 싶어. 좋아하는 포로리가 있을지 몰라…. 하지만 돌아오지 못하게 되면? 아니야. 듬직한 포로리가 분명히 집까지 데려다 줄 거야!' 도리도리는 그렇게 첫 여행을 시작했습니다!

친구란 건 갑자기 되는 거야. 갑자기가 아니면 친구가 될 수 없어

여

> 나는 알고 있어.
> 나는 알고 있어.
> 친구란 갑자기 되는 거야.
> 갑자기가 아니면
> 친구는 될 수 없어.
> 갑자기가 아니면
> 친구가 될 수 없다니까.

제6권 91페이지

2장 이런 날씨엔 고민이 없어

어느 틈엔가 함께 걷고 있는 도리도리와 여우

흘러가고 흘러가서 전혀 모르는 곳에 와 버린 도리도리. 도중에 말이 없는 이상한 여우와 만납니다.

제6권 90페이지

내가 제일 어렸을 때
내가 제일 오래 살 거로
생각했다
도리도리

> 내가 제일 어렸을 때,
> 내가 제일 어렸을 때,
> 나는 제일 오래 살 거로 생각했다.
> 나는 제일 나중에 죽을 거로 생각했다.
> 나는 조금 안심했는데.
> 나는 조금 안심했는데.

제6권 115페이지

2장 이런 날씨엔 고민이 없어

제6권 112페이지

아기 보는 다람쥐의 아기

말이 없는 여우가 포로리 집을 안다고 해서 따라간 도리도리. 하지만 거기 다람쥐는 도리도리가 찾는 다람쥐인 포로리가 아니었습니다. 그 다람쥐는 어린 아기의 아빠였습니다. 자기보다 어린아이를 처음 본 도리도리는 깜짝 놀랐습니다.

두 번째로
슬프다고 생각한 건,
친구한테 놀러 갔는데
아무도 없었을 때
도리도리

제7권 19페이지

2장 이런 날씨엔 고민이 없어

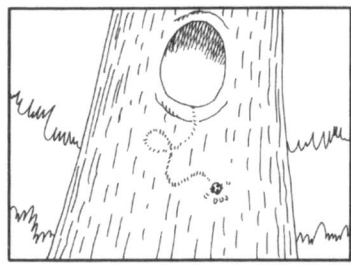

제7권 18페이지

포로리야~

아기 보는 다람쥐한테 만물박사 다람쥐를 소개받았습니다. 그에게 길 안내를 받아 드디어 포로리의 집에 도착한 도리도리. 그러나 기껏 도착했건만 포로리 집에는 아무도 없는 것 같은데?

싸움이란
이제 전부 필요 없다고
말하는 건데
도리도리

> 싸움은 싫어.
> 왜 싸우는 걸까?
> 싸움이란 이제 전부 필요 없다고
> 말하는 건데.

제7권 35페이지

2장 이런 날씨엔 고민이 없어

드디어 싸움이 시작되었다

포로리 집에 있었던 건 아로리 누나였습니다! 아로리 누나도 포로리를 찾아왔지만 집에 없었다고 합니다. 그런데 거기에 너부리까지 나타났습니다. 아로리 누나와 너부리가 만나면? 분명히 싸움이 일어날 겁니다.

제7권 38페이지

자식한테 큰일이 생겼을 때 부모는 "별일 아니야, 별일 아니야"라고 한단다

`도리도리 엄마`

제7권 59페이지

자식의 묘미, 부모의 묘미

제7권 62페이지

도리도리 엄마와 아빠가 도리도리를 데리러 와주었습니다! 다행입니다. 울보 도리도리는 여행하는 동안 한 번도 울지 않았지만, 안심되자 엄마 품에 안겨 울어 버렸습니다.

부자연스러운 일을 하니까, 부모 자식이 될 수 있는 거야

아기 보는 다람쥐

> 도와주고 도움받고 하는 것 이외에 특별한 관계가 되는 방법이 또 어디 있겠어?

> 그렇지 않아. 부자연스러운 일을 하니까, 부모 자식이 될 수 있는 거야.

제7권 65페이지

이런 날씨엔 고민이 없어

부모 자식이란 부자연스러워

도리도리를 포로리한테 데려다준 뒤, 아기 보는 다람쥐와 만물박사 다람쥐는 집으로 돌아가는 길에 '부모 자식이란 어떤 걸까?'라는 이야기를 나눕니다. "누군가를 도와준다는 건 생물이 하는 일 중에 가장 부자연스러운 일이지만, 부모가 된다는 건 평생 그 일을 한다는 거야. 그런 것도 꽤 괜찮아"라고 아기 보는 다람쥐가 말합니다.

가끔은 솔개가
나는 걸 보면서 멍~하니
있는 것도 좋겠지

두목

제7권 96페이지

이런 날씨엔 고민이 없어

태평한 두목

보노보노가 사는 숲에 두목과 수하인 곤조가 찾아옵니다. 야옹이 형이 어디에서 왔는지 그 과거를 파헤치기 위해서입니다. 찾아가는 도중에 태평하게 쓸데없는 일도 하면서 어슬렁어슬렁 산에서 내려왔습니다.

너희들이 이기면
내 비장의 농담을
들려주지

`린 아빠`

제8권 41페이지

2장 이런 날씨엔 고민이 없어

린 아빠는 책사

야옹이 형을 두목과 곤조한테서 감추기 위해 이 방법 저 방법을 쓰던 린 아빠. 두목한테 내기하자고 제안합니다. 두목 일행이 내기에 이기면 굉장히 멋진 일이 있다…?!

무서운 생각이
들어버렸다

제1권 32페이지

보노보노는 때때로 점점 무서운 생각을 하게 됩니다.
그리고 돌아올 수 없게 되죠.

◀ 보노보노 시화집 《모두 추억이겠지》 71페이지

제3장

아아, 여름이구나

여름인데 가만~히 있는 날.
여름인데 가만~히 있는 날.
너무 더운데도 가만~히 있는 날.

아아, 여름이구나.

이 세상은 뻔한 얘기를
뻔뻔하게 할 수 있는 녀석이
오래 살아남는 법이지

두목

제8권 66페이지

3장

아아, 여름이구나

두목과 야옹이 형

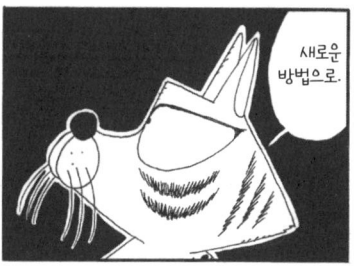

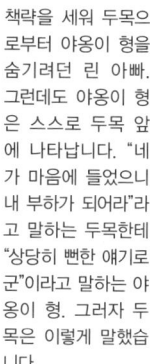

책략을 세워 두목으로부터 야옹이 형을 숨기려던 린 아빠. 그런데도 야옹이 형은 스스로 두목 앞에 나타납니다. "네가 마음에 들었으니 내 부하가 되어라"라고 말하는 두목한테 "상당히 뻔한 얘기로군"이라고 말하는 야옹이 형. 그러자 두목은 이렇게 말했습니다.

내가 나로 있는 것 따위는 별것 아닌 건가?
두목

제8권 74페이지

3장 아아, 여름이구나

야옹이 형은 될 수 있어

큰곰 두목과 야옹이 형의 대결이 시작됐다! "나는 '새로운 방법'으로 '뻔한 얘길 뻔뻔하게 할 수 있는 녀석'보다 오래 살 생각이야" 그렇게 말하는 야옹이 형한테 두목은 "내가 나로 있는 한, 더 이상 '새로운 방법' 따위는 없어"라고 주장합니다. 확실히 그렇긴 하다고 생각한 야옹이 형은 "인정하지만, 나는 나 이외의 어떤 것이든 될 수 있으니까 괜찮다"라고 대답합니다. 그리고 "네가 계속 너로 있고 싶다면 '새로운 방법'에 도대체 무슨 의미가 있느냐?"고 질문합니다.

왜 될 수 있는지는
문제가 아니야.

왜 될 수 없는지가
문제인 거지 야

제8권 78페이지

아, 여름이구나

제8권 79페이지

이길 수 없는 두목

야옹이 형과 얘기하던 두목은 "이 녀석이 어떤 녀석인지는 대충 알았다"고 말하며 돌아갔습니다. 남은 큰곰 대장은 야옹이 형한테 너는 '어떤 나쁜 사람도, 어떤 착한 사람도 될 수 있다'고 말하는데, 어떻게 될 수 있다고 단언할 수 있지?"라고 물어봅니다.

멋있고
나쁜 걸 빼고
살아갈 수 있다고
생각해?
두목

제8권 82페이지

떠나간 두목과 곤조

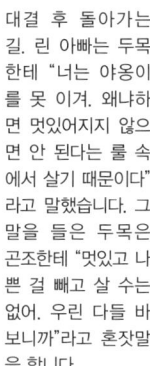

대결 후 돌아가는 길. 린 아빠는 두목한테 "너는 야옹이를 못 이겨. 왜냐하면 멋있어지지 않으면 안 된다는 룰 속에서 살기 때문이다"라고 말했습니다. 그 말을 들은 두목은 곤조한테 "멋있고 나쁜 걸 빼고 살 수는 없어. 우린 다들 바보니까"라고 혼잣말을 합니다.

내가 해 온 많은 일을
내가 아닌 누군가도
이것저것 해 왔겠지 너

내가 해 온 많은 일을
내가 아닌 누군가도
이것저것 해 왔겠지.
모두가 해 온 많은 일을
다 모으면 얼마나 될까?
분명히 아무도 가르쳐준 적
없을 거야.

제8권 91페이지

3장 아아, 여름이구나

화가 난 너부리

한참 전에 집을 나갔던 너부리 엄마가 갑자기 숲으로 돌아왔습니다! 오랜만의 재회에 당황하는 너부리. 아빠를 부르러 갔지만, 너부리 아빠는 엄마를 만나려고 하지 않습니다.

나는 어른은
안 놀 줄 알았어
보

구멍을 크게 만들어 보자

제8권 104페이지

보노보노는 오늘 암석산 절벽 위로 경치를 보러 갔습니다. 그런데 거기엔 너부리 아빠가 먼저 와 있었습니다. 너부리 엄마를 보고 싶지 않은 아빠. 아무래도 절벽 위에서 시간을 보내고 있는 듯…? 자신이 전에 팠던, 절벽 위에서 밑으로 통하는 구멍에 돌을 떨어뜨리는 놀이를 보노보노한테 가르쳐줍니다.

누군가와 함께 걷는 건
힘들어.
부딪히지 않도록,
떨어지지 않도록
너

제8권 107페이지

3장

아, 여름이구나

산비버는 잘 지내?

엄마를 만나려 하지 않는 아빠를 대신해 너부리가 엄마를 접대합니다. 하지만 늘 같이 있는 게 아니라서 그런지 이래저래 불편합니다.

'재미있는' 건 변하긴 해도
강처럼 점점 흘러가
버리는 건 아니야.
낙엽처럼 점점 위로
쌓이는 거지 너

'재미있는' 건 변하긴 해도
강처럼 점점 흘러가
버리는 건 아니야.
낙엽처럼 점점 위로
쌓이는 거지.

제8권 115페이지

3장 아아, 여름이구나

제8권 121페이지

이쪽이 더 재미있어

재미있는 걸 좋아하는 너부리 엄마. 엄마의 희망에 따라 재미있는 얼굴을 가진 산비버에게 놀러 간 너부리와 엄마. 산비버의 재미있는 얼굴에 엄마는 대폭소를 터뜨렸습니다. 하지만 너부리는 뭐가 그렇게 재미있는지 전혀 알 수가 없습니다.

어른이 힘든 건
늘 어른으로 행동해야 하는데,
어른으로 행동할 수 없는 때가
있으니까 힘든 걸 거야 보

> 어른이란 힘들어.
> 어른이 힘든 건 늘 어른으로
> 행동해야 하는데
> 어른으로 행동할 수 없을 때가
> 있으니까 힘든 걸 거야.

제9권 43페이지

3장 아아, 여름이구나

어떤 힘으로

제9권 47페이지

늘 어딘가로 가버리는 너부리의 엄마. '이 세상엔 좀 더 좋은 곳이나 재미있는 일이 있지 않을까?'라는 생각이 들면 나가고 싶어집니다. 하지만 엄마는 원래 너부리가 스스로 먹이를 구할 수 있게 될 때까지는 어딘가로 간 적이 없었답니다. 자신이 하고 싶은 일만 하며 사는 아빠를 보고, 엄마도 어딘가로 가고 싶다고 했었답니다. 그런데 오랜만에 대면한 어른들의 대화는….

내가 어른이 되면
누군가 '됐다'고
말해주면 좋겠다 보

내가 어른이 되면
누군가 '됐다'고 말해주면 좋겠다.
안 됐을 때는 '안 됐다'고
말해주면 좋겠다.
그러면 나도 조금 안심할 것 같아.
그러면 나도 조금 알 것 같아.

제9권 51페이지

3장

아아, 여름이구나

제9권 57페이지

숨바꼭질

어른과 아이는 전혀 다른 것이라고 보노보노는 생각합니다. 하지만 너부리 아빠는 전혀 다르지 않다고 말합니다. 그러면 언제 어른이 되는 걸까? 내가 어른이 된 걸 나는 잘 알 수 있을까?

둥지 속엔 나보다
큰 건 거의 없잖아?
'가장 큰 나 자신'의 고민이니까
정말 엄청난 일이라고
생각하게 되는 거 아닐까?
`너부리 엄마`

제9권 58페이지

아아, 여름이구나

나보다 큰 것

부부는 서로가 서로에게 죄책감을 느끼고 있습니다. 그리고 서로 죄책감을 느끼고 있기에 부부 아니냐고 너부리 엄마가 말합니다. "고작 암컷 라쿤 주제에 핑계나 대고! 세상은 이렇게 넓은데!"라며 너부리 아빠는 짜증을 냅니다. 그걸 들은 너부리 엄마도, "어차피 자기 생각 따위, 이 넓은 자연 속에 던져지면 하나도 안 보이게 될 하찮은 거니까, 신경 쓸 것 없겠네"라고 말합니다.

보물은
움직이는 것이어선 안 돼.
보물은 움직이지 않게
된 것이어야 해

포로리 아빠

> 보물은 무언가에
> 쓰는 것이어선 안 돼.
> 보물은 움직이는 것이어선 안 돼.
> 보물은 움직이지 않게 된
> 것이어야 해.

제9권 91페이지

3장

아야, 여름이구나

아빠가 정말로 주고 싶은 것

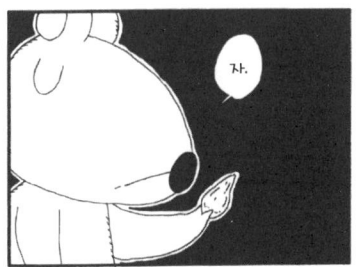

제9권 98페이지

어느 날 포로리 아빠가 포로리를 부릅니다. 가 보니 아빠가 뭔가 이상한 물건을 건네줍니다. 이건 도대체 뭘까요?

무언가를 부탁받는 게
싫은 건,
무언가를 부탁받아
한 번 싫어졌는데, 그래도
또 부탁받아 다시 한번
싫어지기 때문일 거야

포

제9권 107페이지

3장 아아, 여름이구나

자아, 알아보러 가자

제9권 106페이지

아빠가 수수께끼의 물건을 포로리한테 주며 말합니다. "이게 왜 우리 집에 대대로 전해 내려오게 됐는지, 그걸 알아보고 오렴" 그리고 그것이 무엇인지 알게 되면 부모에게서 자식에게로 물려주게 된다고 합니다. 그다지 내키지 않는 포로리는 적당히 이야기를 꾸며 그 책임에서 도망치려 하지만 글쎄요….

하지만 틀려도 괜찮아.
다른 걸 찾게 될 테니까 보

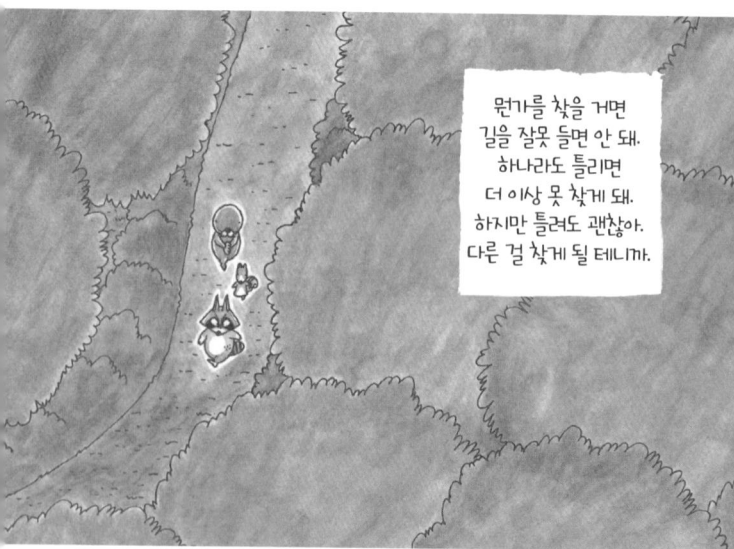

제10권 3페이지

3장 아아, 여름이구나

제10권 8페이지

이것이 온천인가

귀찮지만 어쩔 수 없이 수수께끼 물체에 관해 조사를 시작한 포로리는 너부리와 보노보노의 도움을 받기로 했습니다. 너부리가 "우리 아빠한테 물어볼까?"라고 말해서 다 같이 너부리 아빠한테로 갔습니다.

온천은 좋구나.
따뜻한 것만으로도
거기에 들어가는 것
만으로도

보

온천은 좋구나.
따뜻한 것만으로도
거기에 들어가는 것만으로도
뭔가 한 것 같은 기분이 들어서.
돌아갈 땐 또 오자고
생각하게 돼.

제10권 19페이지

3장

아아, 여름이구나

제10권 14페이지

온천은 좋구나

너부리 아빠를 찾아가 보니, 아빠는 비밀 온천에서 목욕 중이었습니다. 보노보노와 포로리는 아빠의 허락을 받아 태어나서 처음으로 '온천'에 들어가 봤습니다. 감격…!

우리는 태어난다
보

제10권 40페이지

3장

아아, 여름이구나

떨어져 있어?

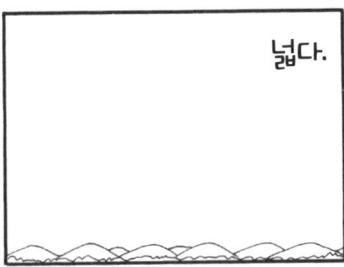

온천에서 그 이상한 물건을 온천물에 넣으면 색이 변한다는 것이 판명됩니다. 아무래도 그건 서쪽 산 폭포 옆에 있는 '색이 변하는 바위'인 모양입니다. 그래서 폭포에 가보기로 한 세 친구. 하지만 보노보노는 폭포가 뭔지 모릅니다. 폭포는 강이 떨어지는 장소? 강은 원래 떨어져 있는 거 아냐? 땅에 돌이 떨어져 있듯이, 나무에 싹이 트듯이, 우리가 태어나는 것과 마찬가지로.

모르는 게 아니야.
알 때까지 시간이
걸리는 거지 포

제10권 49페이지

3장 아아, 여름이구나

떨어져 있어?

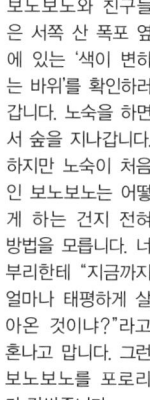

보노보노와 친구들은 서쪽 산 폭포 옆에 있는 '색이 변하는 바위'를 확인하러 갑니다. 노숙을 하면서 숲을 지나갑니다. 하지만 노숙이 처음인 보노보노는 어떻게 하는 건지 전혀 방법을 모릅니다. 너부리한테 "지금까지 얼마나 태평하게 살아온 것이냐?"라고 혼나고 맙니다. 그런 보노보노를 포로리가 감싸줍니다.

밤이 되어도
아직 친구랑 같이 있다니,
굉장하네 보

제10권 51페이지

3장

아아, 여름이구나

자아, 자자

보노보노는 태어나서 지금까지 바다 위에서밖에 자본 적이 없었고, 친구네 집에서 잔 적도 없었는데 하물며 노숙이라니…! 하지만 오늘 보노보노는 너부리와 포로리 이렇게 셋이서, 아이들끼리 잡니다. 이건 굉장히 엄청난 일이군요.

우리는 바보라서
꾸물꾸물 밥을
먹을 수밖에 없어 너

제10권 89페이지

3장
아아, 여름이구나

제10권 88페이지

나의 꾸물꾸물 밥

간신히 폭포에 도착한 세 친구. 하지만 폭포를 바라보던 너부리는 어쩐지 바보 같아져서 "돌은 이제 안 찾아도 돼"라고 말합니다. 색이 변하는 돌을 발견했지만, 자신들은 바보들이고 오늘도 내일도 꾸물꾸물 밥을 먹을 뿐인 존재라는 건 변하지 않는다나 뭐라나.

아무것도 못 찾았을 때도,
뭔가 찾았을 때도 마찬가지로
나는 언제까지나
기억하고있겠지 포

제11권 3페이지

3장 아아, 여름이구나

제11권 4페이지

모두가 있어

결국 색이 변하는 돌은 찾지 못한 채 귀가한 포리. 포리 아빠는 돌아온 포리한테 돌을 찾는 데 도움을 받은 모든 이를 데려오라고 합니다. 그래서 모두 너부리 아빠의 비밀 온천으로 모여들었습니다.

괜찮아.
안 죽어 너

제11권 16페이지

3장 아, 여름이구나

너부리

화내기는 '이렇게 되겠지'하고 생각했던 게 정말 그렇게 되면, '아~아'라고 생각하는 게 어쩐지 웃기고, 재미있습니다. 너부리한테 그 말을 해봤지만 너부리는 별로 웃기지 않다고 합니다. '이 가지에 올라가면 부러지겠지…'라고 생각했는데 실제로 가지가 부러졌을 때 "아~아, 역시'라는 생각이 들어서 웃기지 않았어?" 하고 묻는 화내기한테 너부리는 "부러지고 싶으면 부러져라"라는 식이라고 말합니다.

145

그러면 이 세상에 시시한 일은 사라지게 되지 않을까?
홰내기

제11권 32페이지

일부러
그러는 거
아냐?

기대를 배신당해도 "'아~아'하게 돼서 역시 재미있어" 화내기는 그렇게 말합니다. 그렇게 되면 이 세상 모든 것이 다 재미있어질 텐데?

괴로운 일은 반드시 끝난다고
야옹이 형이 말했는데,
포로리는 재미있는 일도
반드시 끝난다고 말했다

제11권 51페이지

아, 여름이구나

제11권 50페이지

포로리의 설명

기대했다가 배신을 당해도 "'아~아'라고 하게 돼서 재미있어"라고 말하는 화내기한테 "그게 정말로 재미있었어? 억지로 웃고 있는 거 아냐?"라고 보노보노와 포로리가 말합니다. 그렇지 않다고 말하는 화내기한테도 포로리는 "하지만 재미있는 일도 언젠가 반드시 끝나게 돼"라고 말합니다.

아아,
태어나기 전의 일을
기억할 수 있다면
홰내기

이 세상은 하나지만
태어나기 전엔 어땠을까?
어둡고 따뜻하고 때때로 소리가 나고
배가 고프진 않을까?
아아, 태어나기 전의 일을
기억할 수 있다면 좋겠다.

제11권 67페이지

3장

아아, 여름이구나

뱃속은 다양한 소리가 난다

아아~.
뱃속은 좋구나.
어쩐지 굉장히
편안해.

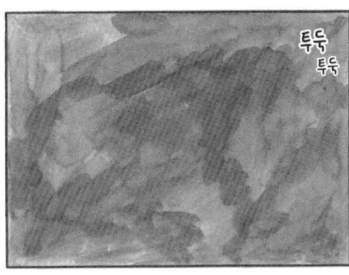

투둑
투둑

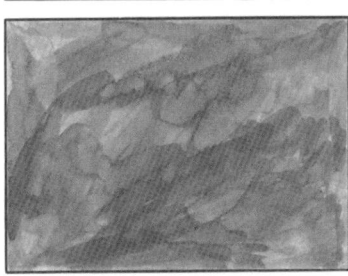

슈욱

헤에~.
다양한
소리가
나네.

제11권 69페이지

모두한테 '아~아'가 재미있다는 걸 설명해도 이해를 못 하자 홰내기는 아빠한테 의논합니다. 그랬더니 아빠는 "홰내기, 넌 늘 재미있는 걸 찾고 있는데, 좀 피곤하지 않니?"라고 합니다. "하지만 재미있는 일이 없으면 심심해"라고 말하는 홰내기. 아빠는 "재미있는 일도 재미없는 일도 전부 이 세상에 있어. 왜냐하면 이 세상이 아닌 세상은 없으니까"라고 말합니다. 하지만 요즘 아빠는 '태어나기 전의 세계는 어땠을까?'라는 생각을 한다고 합니다.

발딱

제1권 103페이지

프레리독은 프레리독이 아니다.
동물 이름이 아니라 캐릭터 이름이다.

◀ 보노보노 시화집 '모두 추억이겠지' 83페이지

제4장

원하는 게 있는 건 좋다

너무너무 원하는 게 있다.
너무너무 원하는 게 있다.

원하는 게 있는 건 좋다.

원하는 게 있으면 많은 일이
아주 간단해지는 것 같은
기분이 든다.

오랜 시간을 들여
오를 수 있게 될 때까지 노력할지,
지금 당장 너도 오를 수 있는
나무를 찾을지…. 어떤 게 좋아?

너

제11권 108페이지

4장 원하는 게 있는 건 좋다

나도 오를 수 있는 나무가 있을까?

제11권 109페이지

커다란 나무를 바라보던 보노보노는 '이런 나무에 올라가면 어떤 기분이 들까?' 하고 생각합니다. 너부리에게 오르는 법을 배우기로 했지만 너무 어려워서 전혀 오를 수가 없었습니다. 속이 탄 너부리가 보노보노한테 선택을 강요합니다.

우린 뭐랄까, 굉장히 성실한 거 아닐까? 보

무얼 할 수 있고 무얼 할 수 없고. 모두 분명히 자신이 할 수 있는 걸 계~속 찾고 있겠지.

모두 자신이 할 수 있는 걸 계~속 찾고 있다면 우린 뭐랄까,

굉장히 성실한 거 아닐까?

제11권 123페이지

4장 원하는 게 있는 건 좋다

나의 감상

제11권 118페이지

'보노보노도 오를 수 있는 나무는 가지가 많은 나무다!' 그렇게 생각한 너부리는 자신의 아빠한테 부탁해 가지가 많은 나무에 가지를 더 많이 늘려 보노보노용 나무 오르기 나무를 만들어주었습니다. 그리고 보노보노는 드디어 나무 위에서 경치를 볼 수 있게 되었습니다.

하늘이 높다 한들
무슨 상관이냐?
대지엔 꽃이 있는데

너부리 아빠

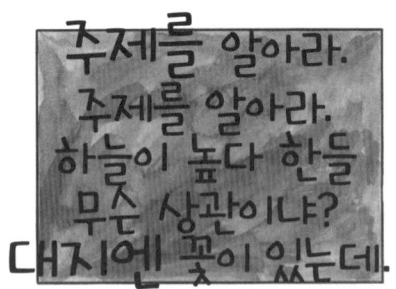

제11권 125페이지

못 하는 건 어쩔 수 없어

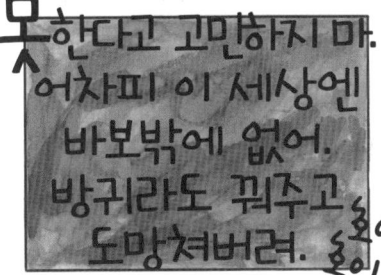

'나무에 오르니 본 적 없는 경치를 볼 수 있어 좋구나'하고 보노보노는 생각합니다. 하지만 너부리는 너부리 아빠가 굉장히 높은 곳에서 경치를 보고 너무 무서워 했던 걸 알기 때문에, 좋기만 한 건 아니라고 말합니다. 너부리 아빠도 보노보노한테 "할 수 없는 일을 신경 써봤자 어쩔 수 없어"라고 합니다.

얼마나 하고 싶은지로 결정되는 거지

너부리 아빠

4장 원하는 게 있는 건 좋다

할 수 있는 것, 할 수 없는 것

제11권 126페이지

할 수 없는 걸 고민해봤자 소용없다는 너부리 아빠한테 보노보노가 질문합니다. "하지만 할 수 있게 되는 건 즐겁잖아요?" "그러니까 할 수 있는 것만 하는 거야" "그렇구나. 할 수 있게 된 건 할 수 있는 건가? 하지만 얼마나 할 수 없으면 할 수 없는 게 되는 거예요?" 너부리 아빠가 보노보노 질문에 대답합니다. "할 수 없다는 건 얼마나 할 수 없었는지로 결정되는 게 아니야"

뭘 할 수 없는지는
별게 아냐.

뭘 할 수 있는지가
문제지
너부리 아빠

제11권 128페이지

4장 원하는 게 있는 건 좋다

자신이 할 수 있는 것

"무슨 일이 있어도 하고 싶은 일이라면, 실패했다 해도 망설이지 말고 몇 번이든 해 봐"라고 말하는 너부리 아빠, "하지만 그래도 할 수 없으면 어떻게 해요?" 이렇게 묻는 보노보노한테 너부리 아빠는 말합니다. "할 수 없는 걸 찾지 말고, 할 수 있는 걸 찾는 거야!"

그것도 못 하면
다른 걸 해
너부리 아빠

4장 원하는 게 있는 건 좋다

가지투성이 나무

제11권 130페이지

"세상 사람들은 모두 자신이 할 수 있는 걸 찾아 어슬렁대고 있다. 그리고 만약 무언가를 해봤는데 할 수 없었다면 다른 걸 하는 거야. 또다시 할 수 없으면 또 또 다른 걸. 그렇게 평생 다른 것만 하는 인생도 나쁘지 않아" 라고 너부리 아빠는 말했습니다!

낫는다는 건 신기하구나.
낫는다는 건 신기하구나.
이 세상에서 제일 재미있는 건
낫는 것이지 않을까?

보

제12권 91페이지

원하는 게 있는 건 좋다

낫는다

보노보노 아빠는 사마귀를 억지로 크게 만들어 사마귀 대결에서 모두를 이겼습니다. 하지만 부어오른 사마귀가 아파서 참을 수가 없었습니다. 포로리가 진흙을 발라줘서 간신히 아픈 사마귀가 나았습니다.

부른 배를 두드리며
푹 퍼져 자는 거야.
애들은 그 만족스러운
기분을 몰라

너부리 아빠

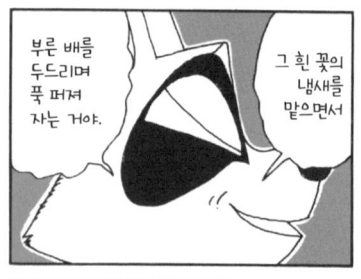

4장 원하는 게 있는 건 좋다

제12권 130페이지

앗, 프레리독이다

프레리독이 없어졌다! 보노보노와 포로리는 얼른 찾으러 갑니다. 하지만 아무리 찾아도 보이지 않네요. 숲속을 돌아다니며 찾다가 너부리 아빠를 만났습니다. 너부리 아빠는 점심을 잔뜩 먹고 이제부터 낮잠을 잘 거라고 합니다.

긍정적으로 생각하면
뭐든지 긍정적이
되는 법이지 큰

제13권 22페이지

4장 원하는 게 있는 건 좋다

제13권 21페이지

대장의 멋

큰곰 대장은 깊은 산 속에 혼자 살고 있습니다. 그리고 언제나 무언가를 생각하고 있죠. 오늘은 그런 대장한테 린 아빠가 아침 식사로 싱싱한 송어를 갖고 왔습니다. 그런데 아무래도 할 얘기가 있는 것 같은데….

생각하는 건 언제나 하나.
많을 때는 둘.
셋은 쓸데없어 큰

생각하는 건 언제나 하나.
많을 때는 둘.

셋은 쓸데없어. 세 번째는 분명히
내 생각을 하고 있을 테니까.

제13권 27페이지

원하는 게 있는 건 좋다

제13권 32페이지

생각은
두 가지만

'숲에 정착한 담비 가족의 아빠가 담비 모자한테 주먹을 휘두르고 일도 안 한다'는 린 아빠의 보고를 받은 대장은 어떻게든 해보려고 담비 모자한테 갑니다. 병든 어린 담비를 돌보는 담비 엄마를 본 대장은 담비 아빠를 붙잡습니다. "바보는 내 눈에 닿는 곳에 두겠다"며 함께 산으로 돌아가겠다고 선언합니다. "너 같은 바보는 두 가지만 생각하면 돼. 자기 아이와 자기 아내만을"이라고 말하면서요.

늘 곁에 있으면서
때때로 모르는 얼굴을
하는 사람이야
_포

> 누나라는 게 어떤 존재인지
> 나는 조금 알고 있어.
>
> 늘 곁에 있으면서 때때로
> 모르는 얼굴을 하는 사람이야.

제13권 35페이지

누나 심부름

도로리 누나가 아주머니 댁에 심부름을 가게 되었습니다. 포로리는 보디가드로 함께 가게 되었죠. 목적지인 아주머니의 집까지는 많은 위험이 도사리고 있습니다. 두 사람은 무사히 도착할 수 있을까요?

무사하면 됐어. 그럼 된 거야

`도로리 누나`

제13권 50페이지

4장 원하는 게 있는 건 좋다

제13권 48페이지

뛰어

심부름을 가는 길은 위험한 일 투성이! 강에 휩쓸리고 개미가 꼬여 들고 도로리 누나가 제일 싫어하는 사마귀까지 만납니다. 급기야는 매한테 잡힌 포로리. 까딱하면 목숨을 잃을 뻔했습니다. 하지만 누나는 말합니다. "하아! 다행이다. 오늘도 무사히 건넜어"라고.

낭떠러지 절벽 할인요금
포

제13권 63페이지

말로 눈싸움

아로리 누나한테 아소비라는 새로운 친구를 소개받은 포로리. 밝고 귀여운 아이지만 놀아보면 도대체 감이 안 옵니다. 포로리와 보노보노가 생각한, '말로 하는 눈싸움'이라는 놀이를 해봤지만 이것도 영….

바다는 바다와 노는 곳 보

제13권 82페이지

4장 원하는 게 있는 건 좋다

너부리의 파도타기

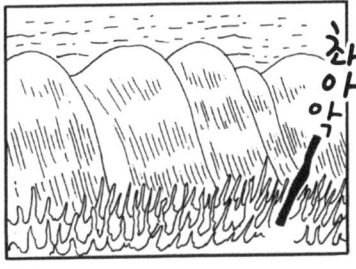

제13권 80페이지

"오늘은 파도가 높으니까 파도타기를 하자" 보노보노가 바다에서 놀고 있는데 너부리가 찾아옵니다. 보노보노한테 배워서 파도타기를 시작한 너부리. 순식간에 이 놀이에 푹 빠져버립니다. 바다란 역시 대단해!

지루할 땐
어딘가로 가면 돼.
걷고 또 걸어서
어딘가로 가는 거야 너

제13권 83페이지

4장

원하는 게 있는 건 좋다

지루하면 어딘가로 가자

제13권 85페이지

너부리는 지루합니다. "내가 지금 하고 싶은 것은? 낮잠을 자고 개미집에 막대기를 꽂기도 해봤지만, 어느 것이나 다 지루해! 그러니까 어디로 좀 가보자" 너부리의 '혼자 놀이'가 시작됩니다.

빛의 샘에선
로레안의 아이들이
또 헤엄을 치기
시작했습니다 보

제13권 114페이지

범인은 역시 너부리다

포로리가 집을 비운 동안 누군가가 집 안에 진흙을 던져 넣었습니다! "도대체 누가…?" 포로리가 조사를 시작합니다. 다양한 수를 써봅니다. 사실 포로리는 머리가 굉장히 좋습니다! 그리고 드디어 범인이 밝혀지고 이야기는 해피엔딩을 맞이합니다.

정말 없어지는 건 없지 않을까?
보

포로리야, 부서진다 해도
정말 없어지는 건
없지 않을까?

제13권 128페이지

원하는 게 있는 건 좋다

절대 없어지지 않아

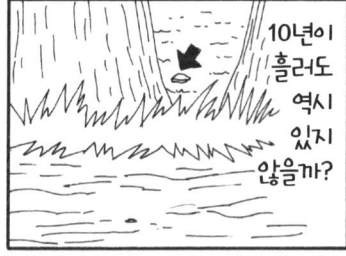

보노보노는 갑자기 생각이 났습니다. 아주 어렸을 때 소중히 갖고 놀았던 돌 말입니다. 그 돌은 지금 어디에 있을까요? "벌써 부서져버렸을지도 몰라"라고 포로리가 말하지만, 보노보노는 그렇게 생각하지 않습니다. 부서졌어도 작아졌어도 분명히 어딘가에 남아 있지 않을까요?

이 세상은
온통 누군가의
메모인 것 같아 보

제13권 130페이지

4장 원하는 게 있는 건 좋다

그렇다면…

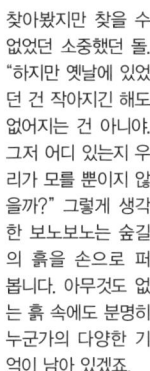

찾아봤지만 찾을 수 없었던 소중했던 돌. "하지만 옛날에 있었던 건 작아지긴 해도 없어지는 건 아니야. 그저 어디 있는지 우리가 모를 뿐이지 않을까?" 그렇게 생각한 보노보노는 숲길의 흙을 손으로 퍼 봅니다. 아무것도 없는 흙 속에도 분명히 누군가의 다양한 기억이 남아 있겠죠.

어른에겐 어쩌면
생각대로 된 일과
생각대로 되지 않은 일밖에
없는 걸까?
린

제14권 35페이지

다시 한번 가르쳐줘

제14권 34페이지

숲속의 제일가는 책사, 린 아빠가 야옹이 형을 찾아옵니다. 뭐 하러 왔냐고 묻자, 그저 놀러왔을 뿐이라고 우깁니다. 그리고 같이 놀러 가자며 야옹이 형을 동굴에서 끌어냅니다. 함께 갈 데는 너부리 아빠가 있는 곳?

생각나지 않지만 알아. 알지만 생각이 안 나 보

흐~음.
생각나지 않지만 알아.
알지만 생각이 안 나.

제14권 75페이지

원하는 게 있는 건 좋다

물어보자

제14권 79페이지

보노보노가 숲에서 마주친 토끼. 어디선가 본 적이 있는데 어디서 봤는지 생각이 안 납니다. 토끼의 이름은 포포스. 어디서 만났을까? 나는 너를 아는 것 같은데, 너도 나를 알아?

이 세상엔 모르는 게 아직도 잔뜩 있구나
포

제14권 105페이지

4장

원하는 게 있는 건 좋다

그리고 돌은

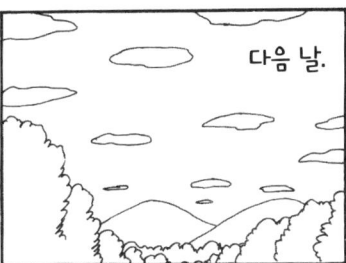

제14권 106페이지

보노보노의 숲에 있는 '돌나무'. 이 나무 위에는 커다란 돌이 놓여 있습니다. 왜 나무 위에 돌이 있는지, 누가 이렇게 올려놓은 건지 아무도 모릅니다. 이 돌나무에는 신비한 전설이 있는데, '돌이 떨어지는 걸 본 자한테는 엄청난 행운이 찾아온다'는 겁니다.

여행 갔다가 돌아와 회상한다 보

제14권 123페이지

4장 원하는 게 있는 건 좋다

제14권 129페이지

그리고 아빠는

보노보노 아빠는 때때로 여행을 떠납니다. '여행이란 어떤 걸까?' 궁금해진 보노보노는 아빠 뒤를 따라가 보기로 했습니다.

구름은 좋구나.
구름은 신기해.
구름은 이런저런 일을
일으키고 간다 포

제15권 19페이지

4장 원하는 게 있는 건 좋다

엄청나게 큰 구름

엄청나게 커다란 구름을 보고 웃음을 터뜨린 포리. 구름을 보며 포리리는 아로리 누나한테 물어봅니다. "누나, 구름이란 뭘 하는 걸까?" "비를 내리게 하지"라고 아로리가 대답합니다. 하지만 포로리에 의하면 그것만은 아니라고 합니다. "구름은 기분도 운반해 오는 거야"

두 번째 걸로 부탁해 포

제15권 28페이지

4장 원하는 게 있는 건 좋다

답답하면

포로리는 생각합니다. '저 구름이 바로 위에 오면 숲의 모두가 답답한 기분이 될 거야. 이거 큰일이군' 보노보노와 너부리한테 급히 알려주러 간 포로리. 그러나 너부리는 전혀 믿지 않습니다. "만약 저 구름이 바로 위에 와서 네 말대로 정말 기분이 답답해지면, 내가 싫어하는 걸 해줄게"라고 말합니다. 그래서 포로리도 당당하게 희망 사항을 말합니다.

자아~.
가둬버리겠다

제5권 130페이지

보노보노의 머릿속에서 나오는 상상의 동물,
'동굴 아저씨'의 충격은 엄청났다.
정말로 어딘가에 있는 건 아닐까 생각한다.

◀ 보노보노 시화집 《모두 추억이겠지》 77페이지

제5장

너는 뭔가 재미가 없니?

너는 뭔가 재미가 없니?
너는 뭔가 재미가 없어?

발을 보렴. 발가락을 움직여 보렴.
움직이는 건 당연한 일이 아니야.

아아, 그렇구나. 그게 재미없어?

그것참 곤란하구나.

아아, 여름이구나 보

제15권 35페이지

5장 너는 뭔가 재미가 없니?

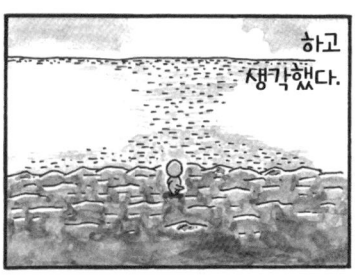

아아, 여름이구나

보노보노는 걷다가 '아아, 여름이구나' 라고 생각합니다. '여름이구나하고 생각하는 때는 굉장히 좋구나. 어쩐지 기분이 두근거리고 조금 달려보고 싶어져. 숲의 사람들은 어떤 기분이 될까?' 보노보노는 여러 친구한테 물어보기로 합니다.

우울한 일은,
우울한 일이
끝난 다음을 위해
있는 거야?
포

제15권 107페이지

> 5장
> 너는 뭐가 재미가 없니?

너부리 의견

제15권 102페이지

포로리는 우울합니다. 아빠와 함께 삼촌한테 가야 하기 때문인데, 포로리는 그 삼촌을 싫어합니다. 우울하고 우울해서 견딜 수가 없습니다. 이 갈 곳 없는 마음을 어떻게 하면 좋을까…? 너부리와 의논합니다.

'불량배'라는 건….
그만둘 때가
제일 기분 좋아
홰내기

제16권 34페이지

5장 너는 뭔가 재미가 없니?

제16권 33페이지

살벌한 충실감

화내기가 불량배가 됐다? '불량배란 어떤 느낌일까?'라고 생각한 화내기는 너부리한테 배우면서 스스로 불량배가 돼 보기로 했습니다. 불량배의 묘미는 '싸운 후의 살벌한 충실감'이라는 너부리. 그 너부리와 싸우게 된 화내기. 과연 화해를 할까요? 하지 않을까요?

몇 번이나 꿈속에 나온 풍경. 그게 정말 있는 거라면 얼마나 기쁠까? 보

제16권 43페이지

5장

너는 뭔가 재미가 없니?

나의 풍경

다들 꿈에 몇 번이나 나오는 풍경이라는 게 있나요? 어쩐지 그리운 느낌이 드는 풍경. 하지만 정말 있는 건지 아닌지 모르는 풍경. 보노보노는 포로리와 그 풍경을 찾으러 가기로 했습니다.

취미라는 건
도움이 안 되는
법이야 포

제16권 73페이지

5장 너는 뭔가 재미가 없니?

취미란

보노보노한테 해내기가 놀러 왔습니다. 해내기는 "나 취미가 생겼어"라고 말하며 마술을 보여줬습니다. 하지만 보노보노는 취미란 게 뭔지 잘 모릅니다. 포로리는 알까요?

좋아하는 건
이쯤에 있을 것 같은
기분이 들어
보

제16권 94페이지

5장

너는 뭔가 재미가 없니?

좋아하는 건

보노보노는 걷는 걸 좋아합니다. 하지만 어느 날 생각했습니다. '걷는 건 어디가 재미있는 걸까? 발을 바꿔가며 내미는 것? 경치가 움직여가는 것? 하지만 그것만은 아닌 것 같아' 보노보노는 '좋아하는 느낌'이란 어떤 것인지를 생각합니다.

걷는 건 역시 좋아
보

제16권 98페이지

5장 너는 뭔가 재미가 없니?

걷는 건

보노보노가 걷는 걸 좋아하는 건, 발을 교대로 내밀거나 경치가 움직이거나 하기 때문이 아니라, '걷는 것' 그 자체가 좋기 때문이었습니다. 좋아하는 걸 좋아한다고 느긋하게 확인하면서 하는 건 굉장히 좋은 것 같습니다.

누군가와 딱 마주치는 건 어쩐지 신기하지? 보

제16권 99페이지

5장 너는 뭔가 재미가 없니?

누군가와 딱 마주친다

제16권 102페이지

어느 날, 바다에서 첨벙첨벙 헤엄을 치고 있던 보노보노는 범고래 스카페이스 아저씨와 오랜만에 딱 마주칩니다. '누군가와 딱 마주치는 건 신기해. 뭔가 이유가 있는 게 아닐까?' 그렇게 생각한 보노보노는 스카페이스 아저씨와 헤어진 후 처음으로 딱 마주친 '미역'을 따라가 보기로 했습니다.

아아, 라이벌이 있으면 좋겠다 포

제17권 3페이지

5장 너는 뭔가 재미가 없니?

백발백중

포로리는 호두 던지기를 아주 잘합니다. '뒤로 던지기나 다리 사이로 던지기, 어려운 자세로도 백발백중. 과녁을 빗나가는 법이 없어!'라고 포로리는 생각합니다. 아아, 어딘가에 대결해 볼 만한 라이벌이 없을까요?

자신이
최고가 아니라는 걸
알았을 때 이 세상은
또 조금 변한다 포

> 자신이 최고라고 생각했는데,
> 자신이 최고가 아니라는 걸
> 알았을 때 이 세상은
> 또 조금 변한다.

제17권 11페이지

5장 너는 뭔가 재미가 없니?

제17권 18페이지

그리고 포로리는

라이벌에 굶주려 있는 포로리. 너부리와 함께 돌 던지기 달인을 찾아 강의 상류로 거슬러 올라갑니다. 그리고 드디어 만난 진정한 돌 던지기 달인 조보. 그런데 조보는 척 보기에도 너무나도 작았습니다. 포로리보다도 작을 정도로. 하지만 포로리는 그런 조보를 어떻게 해도 이길 수가 없었습니다.

강해진다는 건
아는 것이구나
화내기

제17권 50페이지

5장 너는 뭔가 재미가 없니?

별것도 아닌 일들

화내기 아빠와 엄마가 부부싸움을 시작했습니다. 기분이 나빠진 화내기는 포로리한테 투덜거립니다. 그러자 포로리가 말했습니다. "부부싸움도 애들 싸움도 싸움은 그냥 싸움이야. 알면 무섭지 않아. 별것 아닌 일이야!"

아아, 누군가가 보고 있어 줬구나

제17권 75페이지

5장 너는 뭔가 재미가 없니?

그리고 나는

제17권 82페이지

어느 날 야옹이 형은 아무래도 누군가가 자신을 보고 있는 것 같은 느낌이 들었습니다. '도대체 누가?' 주위를 둘러보는 야옹이 형. 그걸 안 보노보노는 "내가 야옹이 형을 도와줄게"라고 말을 꺼냈습니다. "언제나 가까이에 숨어서 야옹이 형을 지켜보다가, 무슨 일이 생기면 곧장 도와주러 올게"라고 말했습니다.

처음 보는 사람과
노는 건 굉장히
어려운 일이다.
왜냐하면 처음이니까 보

제17권 99페이지

5장

너는 뭔가 재미가 없니?

제17권 96페이지

형과 바다

포로리한테 형이 있었다! 자신에게 형제는 도로리와 아로리 누나뿐인 줄 알았는데, 어느 날 갑자기 포로리 아빠는 "포로리한테 형이 있단다"라며 형을 소개합니다. 아빠는 포로리 엄마와 결혼하기 전에도 결혼했었으니까요. 하지만 형에 대한 건 누구한테도 말하지 않았었다고 합니다. 포로리는 처음 만난 형과 함께 놀게 됐는데….

화가 나는 일이
있어도 용서하고
잊어버리는 거야
포로리 형

제17권 127페이지

5장 너는 원가 재미가 없니?

형의 말

형에게 숲을 안내하며 걷고 있던 포로리와 보노보노 그리고 너부리. 그런데 거기에 집을 보고 있던 아로리 누나가 쫓아왔습니다. 포로리 형과 처음 만나게 된 아로리 누나. 그러나 동시에 그 자리에 함께 있던 너부리와도 마주치게 됩니다. 당연하다는 듯 싸움이 시작됩니다. 포로리 형은 어떻게든 둘의 싸움을 말리려고 설득합니다.

아무도 보고 있지 않은
어둠 속에서도
돌은 확실하게
아래로 떨어져 너

제18권 48페이지

5장

너는 뭔가 재미가 없니?

다른 법칙의 장소 따윈 없어

보노보노는 숲속에서 작은 구멍이 뽕뽕 뚫려 있는 신기한 곳을 발견합니다. 어떻게 뚫린 건지 알 수 없는 구멍. 하물며 그 구멍은 가서 볼 때마다 늘어나 있습니다. 보노보노는 너부리와 린 아빠한테 물어봅니다. 린 아빠는 "여긴 다른 곳과 다른 법칙이 지배하는 곳인 것 같다"고 말합니다. 하지만 너부리는 인정하려 하지 않습니다.

그렇게 넓으니까 조금 다른 곳이 있는 게 당연해 보

제18권 49페이지

5장 너는 뭔가 재미가 없니?

제18권 50페이지

그리고 다음 날

"거기만 다른 곳과 다른 법칙이 지배하는 장소가 어디 있어?" 너부리는 신비한 장소의 존재를 인정하려 들지 않습니다. 하지만 보노보노는 이렇게 생각했습니다. "이 세상은 아주 넓으니까 조금쯤 다른 곳이 있는 게 당연한 거 아닐까?" 그리고 얼마 후 또 그 장소에 가보니 역시 구멍은 늘어나 있었습니다.

즐거움은
아주 작은 게 좋아

제18권 59페이지

5장 너는 뭔가 재미가 없니?

오옷

제18권 64페이지

"오늘이 드디어 그날이군" 야옹이 형은 아무도 모르게 숲을 빠져나갔습니다. 갈 곳은 '모즈레아 나무'가 있는 산 위. 모즈레아나무에서는 2,922일마다 기묘한 현상이 일어납니다. 이유는 알 수 없지만, 나무뿌리에서 물이 쭈욱~ 나오는 것입니다.

보노보노 콘티집
애니메이션 《보노보노》
-1993년 개봉

"나는 이긴 게 아니야"
"네가 진 거다" 야

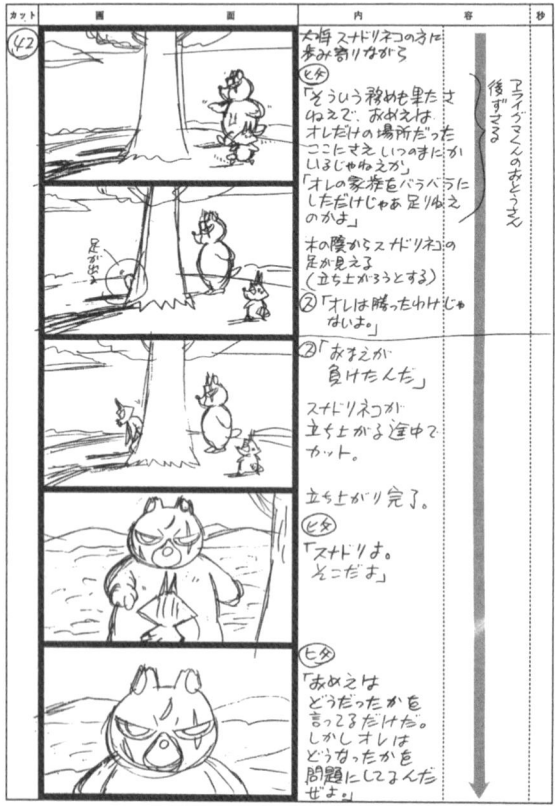

《보노보노 그림 콘티집》 237페이지

큰곰 대장이 야옹이 형한테 대결을 신청했지만, 장렬한 싸움 끝에 패배한다.
대장 이상으로 상처투성이가 된 야옹이 형이 말한다.

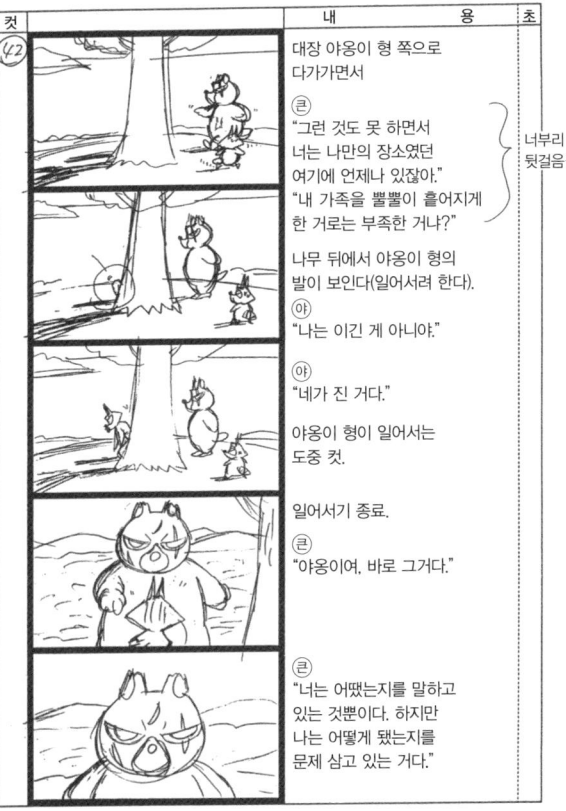

"그럴 때는 아무것도 안 해도 돼, 케헤헤"
화내기

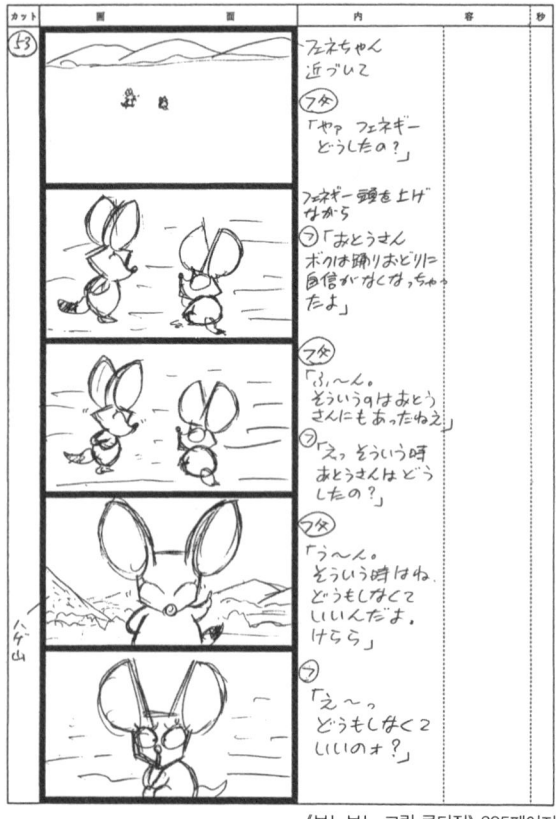

《보노보노 그림 콘티집》 295페이지

'춤추기'에 자신이 없어진 홰내기.
힘 없이 아빠한테 의논하자 홰내기 아빠는 웃으며 이렇게 대답했다.

컷		내　　　　　용	초
13		홰내기 다가가며 아빠 "야야, 홰내기야. 왜 그러니?" 홰내기 머리를 들며 홰 "아빠, 난 춤추기에 자신이 없어졌어." 아빠 "흐~응. 아빠도 그런 일이 있었어." 홰 "어? 그런 때 아빤 어떻게 했어?" 아빠 "으~응. 그런 때는 아무것도 안 해도 돼, 케헤헤." 홰 "어? 아무것도 안 해도 돼?"	

"내가 하려고 하는 건
'그렇게 하는 게 올바른' 일이야"
큰

"우리가 할 수 있는 건
'그렇게 해도 되는' 것뿐이겠지"
야

《보노보노 그림 콘티집》 389페이지에서

숲에 평화가 돌아왔지만 가족한테 돌아가려 하지 않는 큰곰 대장한테
야옹이 형이 "돌아가는 게 어때?"라고 말한다.
그러나 대장은 들으려 하지 않는다. 그리고 이 대화가 오간다.

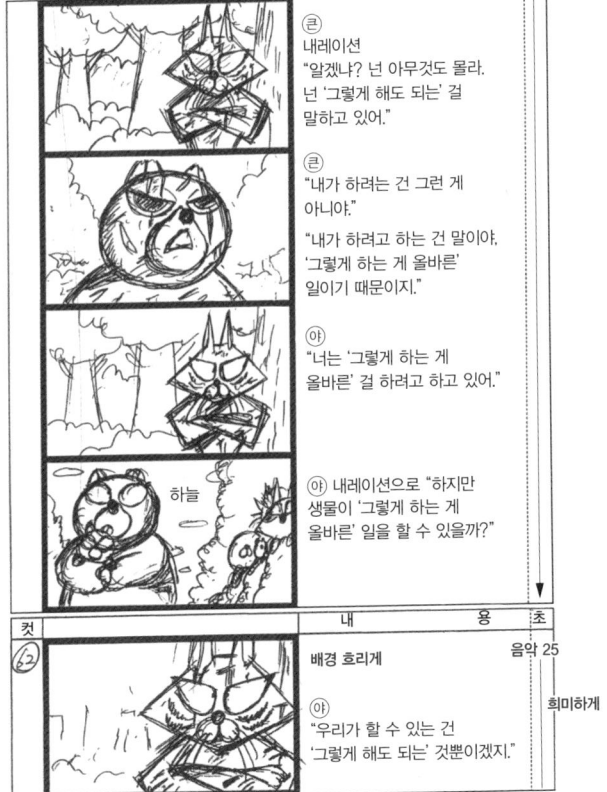

"야옹이 형…
왜 즐거운 일은 끝나버려?" 보

"괴로운 일도
끝나기 때문이지" 야

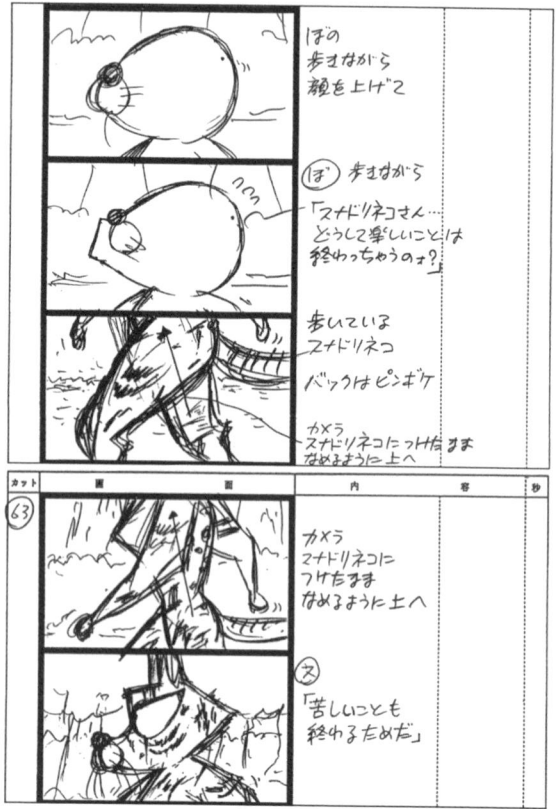

《보노보노 그림 콘티집》 400페이지에서

영화 첫머리부터 계속 품고 있는
보노보노의 의문에 야옹이 형이 대답한다.

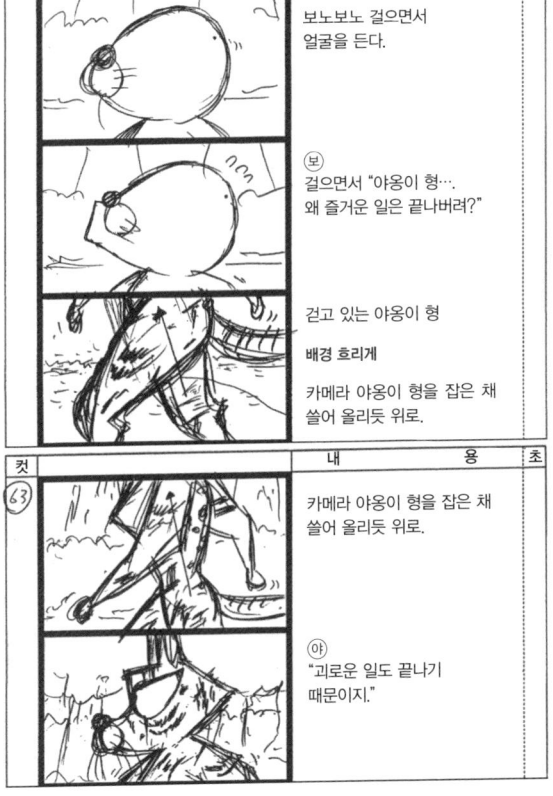

"내일은…"

"이 얼굴을 보여주자" 야

《보노보노 그림 콘티집》 413페이지에서

야옹이 형이 "내일 나한테 놀러 올래?"라고 말해서
보노보노가 크게 기뻐한다.
그런 보노보노한테 야옹이 형은 만면에 웃음을 띠며 이렇게 말한다.

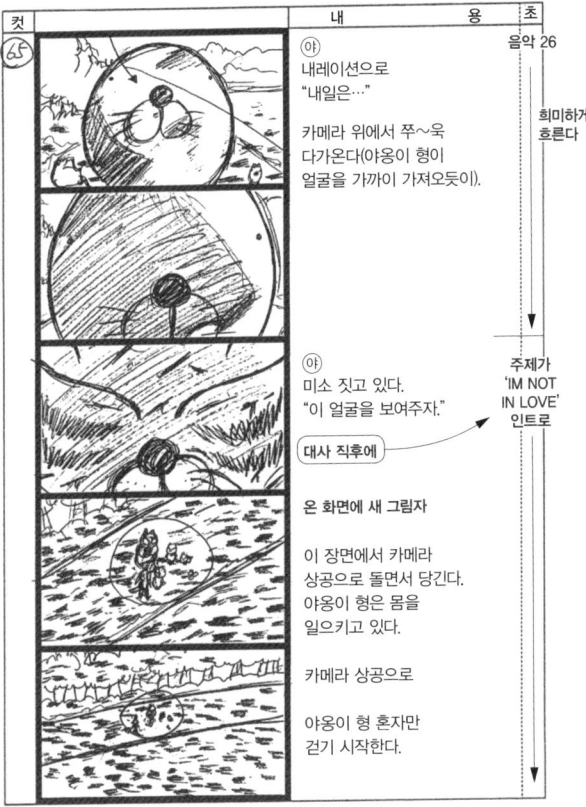

특별 인터뷰

이가라시 미키오, 웃음의 세계

인터뷰어 **히가시노 코지**

히가시노 《보노보노》는 이가라시 선생님한테는 일기 같은 거죠? 즉, 반영구적으로 계속할 작품인 건가요?

이가라시 하지만 이제 끝이 보이기 시작하는 기분은 들어요.

히가시노 네? 보이기 시작했나요?

이가라시 역시 27년이나 했으니까요. 그리고 싶은 건 거의 다 그린 것 같아요. '죽을 때까지 계속 한다'고 했지만, 계속할지 말지를 제 의지만으로 결정할 수는 없어요.

히가시노 《보노보노》는 동물 만화니까 그림은 어린이 지향적이지만, 이야기는 어른도 즐길 수 있어요. 그런 의미에서 메이저적인 작품이죠. '이런 작품을 하면서도 좋아하는 걸 그리고 있구나'라는 생각을 했습니다.

이가라시 글쎄요. 《보노보노》가 메이저였던 시대는 그렇게 길지 않다고 생각해요. 메이저냐 마이너냐는 사람에 따라 일치하지 않는 부분이 있기도 하고요.

히가시노 《네쿠라토피아》* 같은 작품도 그랬잖아요. 그런데 왜 《보노보노》처럼 그간 해 온 것과 다른 만화를 그리려 하셨습니까?

이가라시 《네쿠라토피아》와는 완전히 반대되는 걸 그리려는 마음이 어딘가에 있었던 것 같아요. 《네쿠라토피아》의 마지막 부분은 이가라시 미키오가 이가라시 미키오의 패러디를 하고 있는 느낌이었거든요.

히가시노 《네쿠라토피아》는 웃는 남자가 알몸으로 자위를 하고 길거리를 뛰어다니다가 교통사고를 당해 죽는 만화잖아요. 그런데 《보노보노》에선 숲속 동물들이 대화해요. 다른 사람의 작품이라고요! 저는 《보노보노》를 본 순간, '선생님이 드디어 머리가 이상해졌구나'라고 생각했는걸요.(웃음) 그건 역시 새로운 걸 해 보고 싶다는 마음이 있었기 때문인가요?

이가라시 '새롭지 않으면 개그가 아니다'라는 생각은 늘 있었어요. 그래서 누구나 알고 있는 개그는 개그가 아니라고 생각해요.

*네쿠라토피아: 과격한 개그를 보여준 4컷 만화로, 독자들의 큰 지지를 받은 작품.

낡지 않았다고나 할까? 새로운 스타일이 아니면 안 된다고 봤죠. 《보노보노》를 그리기 시작했을 때는 아무것도 아닌 게 재미있다는 관점이 있었습니다.

히가시노 확실히 《보노보노》는 만화의 새로운 장을 여는 작품이었어요. 귀여운 동물들의 이야기라고 생각했기 때문에 의외로 비현실적이라 재미있었죠. 그런데 이게 36권까지 오니까 평범한 인간들의 유구한 일상을 그리는 것 같더라고요. 마치 숲의 대하 드라마처럼 됐어요.

이가라시 그래서 타이틀이 상징적인 거예요. '보노보노'의 만화를 그리려고 했지만, '보노보노다움'을 그대로 내보내봤자 재미있지는 않다. 거기에 초점을 맞췄던 거죠.

히가시노 좋은 타이틀이군요. 그런데 1권에서 개그가 많았던 걸 생각하면, 최근엔 점점 일상적이 되었다는 생각이 듭니다.

이가라시 그건 그래요. 처음엔 모두 '철학적'이라고 얘기했었는데, 권수를 거듭할수록 점점 일상적이 되었습니다.

히가시노 조용한 숲의 이야기가 되었죠.

이가라시 어느 순간 문득, 너무 위압적인 태도로 철학적인 내용을 그리는 건 '그만두자'라는 생각이 들더군요. 귀찮아졌어요.

히가시노 단순하네요.(웃음) 의문점이 하나 있는데, 《네쿠라토피아》 같은 작품과 《보노보노》 같은 작품 중 어느 쪽이 그리는 시간이 더 걸리나요?

이가라시 《네쿠라토피아》를 그릴 때는 20대 후반이었으니까 금방 그렸답니다.

히가시노 그거 놀랍군요! 사실 《보노보노》는 아침에 일어나서 하는 일과 같은 느낌으로 그리고 계실 줄 알았거든요. 그럼 《보노보노》와 다른 곳에서 연재하고 있는, 엄청 무서운 만화 《I》를 그릴 땐 뇌의 서로 다른 부분을 사용하고있는 건가요?

이가라시 그렇죠. 그렇기 때문에 유지하고 있는 것 같아요. 계속 같은 부분으로 생각하고 그리면 고갈돼버릴 테니까요.

히가시노 《보노보노》를 다시 읽어보기도 하세요?

이가라시 기본적으론 안 봐요. 다 그릴 때까지 30번은 머릿속에서 반복하니까요. 인쇄되면 그다음은 확인 작업만 해요.

히가시노 36권이나 계속 그리다 보면, 전에 그렸던 것과 비슷한 내용이 겹치는 경우는 없나요?

이가라시 있습니다. 제가 그렸던 걸 잊어버리는 거죠.(웃음)

히가시노 그걸 담당하는 편집자가 알려주진 않나요? "선생님, 얼마 전에 비슷한 걸 그리셨어요"라고.

이가라시 그럴 땐 반대로 비슷한 걸 그리려고 합니다. 개그의 세계에서 말하는 '텐동'*이라는 거겠죠. 《보노보노》는 그게 바로 개성이에요. '그러면 편하니까'라는 것도 맞긴 하지만.(웃음)

히가시노 "매년 10점짜리 이야기를 만들긴 힘드니까, 7점짜리 이야기를 텐동으로 하자"가 되는 거군요.

이가라시 그게 제 패턴이라고 정해 놓은 부분이 있긴 합니다.

"모르겠다"는 말을 수도 없이 들었어요.

히가시노 24세에 프로로 데뷔해, 당시엔 최첨단이었던 4컷 만화를 그렸잖아요? 이가라시 선생님이 데뷔하기 전과 후, 개그 만화계가 굉장히 많이 변했다고 생각하는데, 본인은 어떻게 느끼고 있죠?

이가라시 하지만 실제로 개그 만화를 읽고 정말 웃느냐 아니냐는 다른 얘기잖아요? 저는 야마우에 타츠히코 선생님의 《희극신사상대계》를 읽고 처음으로 소리 높여 웃었거든요.

히가시노 저도 읽었는데, 비교적 어두운 블랙 조크더군요.

*텐동: 같은 개그를 두 번 반복하는 것을 뜻하는 일본 말.

이가라시 찐득한데도 재미있는 건 임팩트가 강하죠.

히가시노 야마우에 선생님은 굳이 따지자면 그림도 무거워요. 하지만 이가라시 선생님은 전통적인 그림 터치에 지금까지의 개그와도 달랐어요. 거기에 기승전결이라는 것도 파괴해버렸죠. 그 점도 굉장했습니다.

이가라시 만들기보다 부수는 게 더 재미있거든요.

히가시노 당시 담당 편집자가 선생님의 개그를 이해 못 하는 일은 없었나요?

이가라시 모르겠다는 말을 수도 없이 들었어요. 단행본이 나왔더니, "이건 무슨 뜻이죠?"라고 묻기도 하고.(웃음)

히가시노 그걸 조크로 봤나요? 아니면 상대가 바보라고 생각했나요?

이가라시 '이건 그럴 수도 있겠군'이라고 생각했어요. 시간이 좀 지나야 '이건 이해 못 할지도 모르겠다'는 걸 깨닫게 되거든요. 그리고 있을 때는 그저 재미있다고 생각하니까.

히가시노 그 점을 반성하고 계세요? 높은 분한테 전화해서 "그 녀석은 내 센스를 모르니까 잘라버려"라고는 안 하셨어요?

이가라시 안 했습니다. 안 했어요.(웃음) 뭐, 대부분 일반적으로 이해하기 힘든 만화를 그리는 만화가라는 생각을 했을 테니까요. 이해하기 쉬운 개그라고 하면, '요시모토 신희극' 같은 거겠죠.

히가시노 그건 어린아이부터 할아버지 할머니까지 이해할 수 있도록 하니까요. 선생님의 작업은 핀포인트 전략이죠? 하지만 그런 경우, 개그의 시효성이 한정적일 거 같아요. 굉장한 개그 아이디어를 생각해내는 기간은 5년에서 길어야 10년이라고 생각하거든요. 그래서 개그 만화가는 활동 기한이 짧은 경우가 많잖아요. 하지만 선생님은 계속하고 계시네요.

이가라시 아까도 말했다시피, 개그는 새로워야 합니다. 낡은 개그가 되면 그건 그냥 보통 만화가 되죠.

히가시노 하지만 그건 정말 어려운 일일 것 같아요. 그렇게 말씀하시면 대부분의 개그 만화가는 평범한 만화가 될걸요? 게다가 메이저 만화 잡지에 스토리 만화를 그려서 억만장자가 되는 사람이 있는가 하면, 쥐어 짜내듯 개그 만화를 그려서 먹고 살 만하긴 하지만 대저택에는 살 수 없는 사람도 있죠. 메이저 스토리 만화가한테 화가 나진 않으세요? '비슷비슷한 이야기만 그리는 주제에'라고.

이가라시 스토리 만화는 4컷 만화 한 편 내용을 부풀릴 수 있는 능력이 있어서요?

히가시노 맞아요! 한 편 내용으로 20페이지 정도를 그리잖아요.

이가라시 하지만 저는 앞으로도 2~3년은 4컷 만화가로 살아갈 수 있어요(웃음).

히가시노 아, 정말 "호시 신이치냐? 이가라시 미키오냐?"라는 이야기군요. 한 편 한 편이 농후해요!

이가라시 옛날엔 4컷 만화를 한 달에 120페이지씩 그렸어요.

히가시노 하루에 8편이나 신작을 그렸다고요?

이가라시 하루에 3회(1화를 4페이지라고 하면 12페이지를 그리게 됨)를 마감한 적도 있었어요. 하지만 젊을 때나 그게 가능했죠. 15분 만에 소재가 떠오르곤 했으니까요.

히가시노 아! 굉장하네요. 그걸 몇 년 동안 계속하셨나요?

이가라시 5년 정도? 그 후에 2년 동안 쉬었어요.

히가시노 쉬는 중엔 뭘 하셨어요?

이가라시 게이트볼이오. 젊은 사람 중에 하는 사람이 저 말고는 없었기 때문에 연전연승일 거로 생각했죠. 하지만 실제론 젊은 사람들이 없어서 시합 자체가 만들어지질 않았어요.(웃음)

히가시노 주위에서 이상한 눈으로 쳐다보진 않았어요? 젊은 사람이 평일 대낮부터 혼자 게이트볼을 한다고요.

이가라시 실은 '뚜~웅 바보들'이라는 팀을 만들어서 여럿이 함께 한 적은 있었어요. 게이트볼 합숙도 했었죠.

히가시노 점점 더 이상한 광경이네요. 젊은 사람 몇 명이 온천지의 빈 땅에서 게이트볼을 하고 있다니.(웃음) 그때는 한 번도 만화를 그리고 싶다는 생각은 안 했나요?

이가라시 휴업 중에도 《Sink》의 근원이 되는 《구울》이라는 공포 극화를 140페이지 정도 그렸어요. 하지만 그러다 돈이 떨어졌고 《보노보노》를 시작했죠.

자신의 말을 해설해보는 건 재미있군요

히가시노 다른 작가의 만화는 읽으세요?

이가라시 처음엔 별로 안 읽었어요.

히가시노 TV나 영화는 보세요?

이가라시 《아라비키단》(젊은 예능인이 다수 출연하는 방송. 히가시노가 MC를 담당)은 자주 봐요.

히가시노 감사합니다. 《보노보노》에도 또 공포 만화에도 아무런 참고가 되지 않는 방송이지만요.(웃음)

이가라시 《아라비키단》은 유명하지만, 메이저냐 마이너냐를 따지면 마이너에 속하죠.

히가시노 물론 마이너입니다.

이가라시 그 점이 《보노보노》와 닮은 점이에요.

히가시노 아뇨, 《보노보노》는 다르죠! 이런 명언집도 나올 정도니까요.

이가라시 그야, 모두가 알 만한 말은 안 그리니까요.

히가시노 《보노보노 명언집》에는 의미를 알 것도 같고 모를 것도 같은, 그런데도 자신에게 기분 좋게 다가오는 말들이 분명히 있을 거로 생각합니다. 실은 몇 가지 골라 왔는데, 해설을 해주시겠어요?

이가라시 알겠습니다.

히가시노 "천천히 오는 건 역시 굉장해"(《보노보노 명언집》 상권 36페이지)라는 대사에서 '천천히 온다'는 표현이 어쩐지 참 좋다고 생각했어요.

이가라시 히가시노 씨는 결혼하셨죠? 부인이 몇 살 때 결혼하셨는지는 모르지만, 25살에 결혼했다면 25년간, 부인은 천천히 히가시노 씨 쪽으로 다가온 겁니다. 그건 굉장한 일이죠.

히가시노 그런 의미인가요? 그럼 다음이요. "우리는 바보라서 꾸물꾸물 밥을 먹을 수밖에 없어"(《보노보노 명언집》 상권 140페이지) 이 대사요. 이건 좋은 말이네요.

이가라시 우린 정말 바보고, 밥을 먹을 수밖에 없으니까요.

히가시노 계속해서, 이건 좋은 말이라고 하긴 좀 그렇지만 진실을 꿰뚫고 있다고 생각했습니다. "이 세상은 뻔한 얘길 뻔뻔하게 할 수 있는 녀석이 오래 살아남는 법이지"(《보노보노 명언집》 상권 104페이지) 이 말이요.

이가라시 이건 이른바 메이저 작품에 나올 법한 말이죠.(웃음)

히가시노 맞아요! 그래서 저는 이런 식으로 되고 싶다고 생각했습니다. 언뜻, 마이너스 이미지처럼 느껴지는 말이지만 저한테는 플러스거든요.

이가라시 메이저한 사람은 뻔한 얘기를 뻔뻔하게 몇 번이나 할 수 있으니까 유명해질 수 있는 겁니다.

히가시노 싸움 토너먼트를 뻔뻔하게 몇 번이나 하니까 메이저가 될 수 있겠군요.(웃음) 그럼 다음 말, "무언가가 일어나면 무언가가 움직인다"(《보노보노 명언집》 상권 68페이지)는 어떤가요?

이가라시 이건 당연한 겁니다. 자신은 관계없다고 생각해 한 일이라도 반드시 누군가에게 영향을 주게 되죠. 그걸 모르는 것뿐입니다.

히가시노 다음은 개인적으로 제일 좋아하는 대사입니다. "할아버지들끼리 친구라는 건 친구가 아니라 뭔가 다른 것이다"(《보노보노 명언집》 하권 154페이지). 확실히 할아버지들이란 친구가 아닌 것 같아요.

이가라시 히가시노 씨가 이렇게 읽어 주시니까 마치 명언 같군요.(웃음)

히가시노 다음부터는 꼭 색지에 써주세요.(웃음)

이가라시 할아버지들은 친구라기보다 동지 같은 존재 아닐까요?

히가시노 그렇군요! 다음 것도 좋아해요. "이 세상은 전부 이어져 있어. 그래서 때때로 지겨운 건가?"(《보노보노 명언집》 하권 114페이지) 이 부분이요. '이어져 있다'로 끝나지 않고 '그래서 지겹다'가 선생님답네요.

이가라시 무언가가 일어나면 무언가가 움직입니다. 그것에 때때로 지겨워지죠. 아무도 저를 몰라도 되니까 이어져 있지 않은 걸 하고 싶어져요.

히가시노 앗, "나이를 먹는데 태연할 수는 없다. 다들 조용히 놀라고 있을 뿐이다"(《보노보노 명언집》 하권 86페이지). 이것도 좋아해요.

이가라시 옳소!(웃음)

히가시노 '조용히 놀라고 있다'는 말이 굉장히 좋네요.

이가라시 모두 처음으로 나이를 먹어 갑니다. 처음 40대가 되고, 처음 50대가 되죠. 선배들이 50대가 됐을 때 이야기를 들어본 적 있지만, 그다지 진지하게는 안 들었어요. 그래서 자신이 실제로 50대가 되어 보고 놀라는 거죠. '50대라는 게 이런 나이였어?' 하고.

히가시노 아아, 어느 날 갑자기 그렇게 느낀다. 그것이 '조용히 놀라는' 거군요. 그럼 마지막으로, "서로 싫어한다는 건 한쪽만 싫어하는 것보다 낫다"(《보노보노 명언집》 하권 54페이지) 이건 평화롭네요. 한쪽이 좋아하면 싸움이 일어나요.

이가라시 서로 싫어하다 화해하면 서로 좋아하게 되죠. 하지만 한쪽만 싫어하면, 화해해도 이번엔 좋아하던 사람이 싫어지거나 입장이 반대되는 일이 있잖아요?

히가시노 그래서 서로 싫어하는 게 낫다는 거군요. 이렇게 명언은 읽기만 해도 기분이 좋은데요?

이가라시 읽어 보니 명언이 많구나 싶은 거죠.(웃음) 직접 설명해 보니까 재미있네요.

히가시노 이 책, 재미있어요! 저는 정말 앞으로의 인생은 '뻔한 이야기를 뻔뻔하게 할 수 있는 녀석'으로 살고자 한답니다.

이가라시 이 말은 히가시노 씨의 말이기도 하죠.

히가시노 감사히 받았습니다.(웃음) 《보노보노》는 만화 차체도 재미있지만, 이렇게 말만 골라놓고 봐도 전부 재미있어요. 이야기에서 독립해 말이 살아 있는 것 같은 느낌이 듭니다.

이가라시 감사합니다.

히가시노 저도 몇 개는 따라 한 거 같아요. 그야말로 선생님의 말을 뻔뻔하게 TV에서 자기 말인 양 떠들어대고 있어요. 그래서 하다못해 이 책은 제 돈으로 샀습니다! 뻔뻔하게 따라 하기 위해서요.(웃음) 그리고 선생님, 오래 오래 사세요. 70세, 80세까지 계속 그려주세요.

이가라시 그건 어려워요. 앞으로 3년 후면 환갑이거든요. 일이 있는 동안 계속하고 싶긴 하지만요.

히가시노 하지만 만화뿐만 아니라, 이렇게 문장만 쓰는 일도 있을 테니까요. 만화에 국한하지 말고 계속해서 무언가를 해내주시면 좋겠어요.

이가라시 서화 같은 것처럼요? 그런 건 같은 걸 계속해야 하지 않을까요?

히가시노 맞아요. 그런 데에 '뻔뻔하게'가 필요한 거죠! 선생님도 슬슬 노후를 생각해 뻔뻔하게 해나가야 하지 않을까요?(웃음)

히가시노 코지

1967년 8월 8일생. 효고현 출신. 신사이바시스지 2번가 극장 오디션에서 요시모토에 입성. 《4시예요~다》(마이니치 방송)에서 두각을 나타냈고, 《다운타운의 완전 좋은 느낌》(후지 TV)에서 큰 지명도를 얻었다. 대표 방송은 《행렬이 생기는 법률상담소》(니혼 TV), 《비슷비슷》(마이니치 방송) 등. 이가라시 미키오 작품과의 첫 만남은 《네쿠라토피아》다. "고등학교 때 누군가가 읽고 있었는데, 그 녀석이 가르쳐줬어요. '기승전결에서 일탈되어 있고, 대사가 전혀 없다가, 음담패설이 나왔다가 하는 게 굉장하다'라고요. 충격적이었죠."

보노보노 명언집 |상|
오늘은 바람과 사이좋게 지내보자

초판 1쇄 발행 2019년 1월 28일
초판 3쇄 발행 2024년 10월 23일

글 그림 이가라시 미키오 | **옮긴이** 박소현
펴낸곳 (주)거북이북스 | **펴낸이** 강인선
출판등록 2008년 1월 29일(제395-3870000251002008000002호)
주소 10543 경기도 고양시 덕양구 청초로 66
덕은 리버워크 A동 309호
전화 02.713.8895 | **팩스** 02.706.8893
홈페이지 www.gobook2.com
편집 오원영, 류현수 | **디자인** 김그림
디지털콘텐츠 이승연
경영지원 이혜련
인쇄 (주)지에스테크
ISBN 978-89-6607-291-0 07830
　　　978-89-6607-294-1 (세트)

©2012 by MIKIO IGARASHI
Originally published in Japan by TAKESHOBO CO., LTD.
Korean translation rights arranged with TAKESHOBO CO., LTD.
Through Seoul Merchandising CO., LTD.

이 책의 한국어판 저작권은 SMC를 통해 타케쇼보와
독점 계약한 거북이북스에 있습니다.
저작권법에 의하여 한국 내에서 보호를 받는 저작물이므로
무단으로 싣거나 복제할 수 없습니다.

잘못된 책은 구입하신 곳에서 바꾸어 드립니다.